Planning for Play

Strategies for Guiding Preschool Learning

自由游戏和引导性游戏
——促进幼儿学习的两种策略

［美］克丽丝滕·肯普尔（Kristen Kemple）／著

吴　航／译

中国轻工业出版社

图书在版编目（CIP）数据

自由游戏和引导性游戏：促进幼儿学习的两种策略／（美）克丽丝滕·肯普尔（Kristen Kemple）著；吴航译．—北京：中国轻工业出版社，2022.11（2025.1重印）
ISBN 978-7-5184-4075-7

Ⅰ．①自… Ⅱ．①克… ②吴… Ⅲ．①游戏课－教学研究－学前教育 Ⅳ．①G613.7

中国版本图书馆CIP数据核字（2022）第156057号

版权声明

Planning for Play © 2017 Kristen Kemple. Original English language edition published by Gryphon House Inc. P.O. Box 10 6848 Leons Way, Lewisville NC 27023, USA. Arranged via Licensor's Agent: DropCap Inc. All rights reserved.

保留所有权利。非经中国轻工业出版社"万千教育"书面授权，任何人不得以任何方式（包括但不限于电子、机械、手工或其他尚未被发明或应用的技术手段）复印、拍照、扫描、录音、朗读、存储、发表本书中任何部分或本书全部内容，以及其他附带的所有资料（包括但不限于光盘、音频、视频等）。中国轻工业出版社"万千教育"未授权任何机构提供源自本书内容的电子文件阅览、收听或下载服务。如有此类非法行为，查实必究。

责任编辑：张天怡　　　责任终审：张乃柬
策划编辑：吴　红　　　责任校对：刘志颖　　　责任监印：吴维斌

出版发行：中国轻工业出版社（北京鲁谷东街5号，邮编：100040）
印　　刷：三河市鑫金马印装有限公司
经　　销：各地新华书店
版　　次：2025年1月第1版第3次印刷
开　　本：710×1000　1/16　印张：10.25
字　　数：85千字
书　　号：ISBN 978-7-5184-4075-7　定价：42.00元
读者热线：010-65181109
发行电话：010-85119832　010-85119912
网　　址：http://www.chlip.com.cn　http://www.wqedu.com
电子信箱：1012305542@qq.com
版权所有　侵权必究
如发现图书残缺请拨打读者热线联系调换
241861Y1C103ZYW

译 者 序

疫情期间,中国轻工业出版社万千教育编辑部的吴红老师联系我,问我是否愿意翻译这本书。彼时,我不禁疑惑:在众多的儿童游戏论著中,该书有什么独特价值,值得我们去译介?带着这样的疑惑,我翻开此书,经过一番通读,我坚定了翻译此书的决心。

21世纪以来,我国颁布了一系列有关学前教育的政策文件。无论是2001年颁布的《幼儿园教育指导纲要(试行)》,还是2012年颁布的《3—6岁儿童学习与发展指南》,都在强调"以游戏为基本活动"。在这些政策文件的指引下,幼儿园在贯彻落实"以游戏为基本活动""幼儿是主动的学习者"等理念上,取得了卓有成效的实践经验,甚至创新性地开发了"安吉游戏"模式。随着游戏研究与实践的推进,广大的幼儿教师在游戏认识及组织实施中也遇到了越来越多的问题,主要表现为对游戏内涵理解的混乱,简单地将教师引导的游戏视为"非游戏""假游戏",在游戏组织实施中较难平衡教师角色与幼儿主体之间的关系,游戏新理论、新名词满天飞却难以落地等。

要破解以上难题和困惑,需要在理论与实践之间建立起切实可行的"桥梁"。本书可以说是"桥梁"建设的一次有益尝试。首先,本书突破了二元对立的游戏分类,作者不再以"游戏"或"非游戏"划分儿童行为,而是按照"多大程度算是游戏"将游戏分为"自由游戏"(free play)和"引导性游戏"(guided play)。那些符合全部特质的行为被归为"自由游戏",符合部分特质的行为则被看作"引导性游戏",由此构造了一个从"自由游戏"到"引导性游戏"的连续体。在此基础上,作者帮助幼儿教师进一步体认到:不是由儿童自由选择的所有活动都能够或都应该被看成游戏;教师在关注幼儿自由游戏的同时,应该采用引导性游戏来促进幼儿的全面发展;游戏的内涵和特质与活动情境息息相关。其次，作者秉持社会建构主义的观点，强调游戏中的"师幼关系""幼幼关系"对幼儿学习与发展的影响。一方面，幼儿教师有责任保障幼儿的游戏权，通过为幼儿自由游戏提供时间、空间、材料等，鼓励其探索自己的身份、潜能和兴趣，扩展自身的多样性可能；另一方面，幼儿教师也需要在游戏中灵活而系统地识别、记录和计划幼儿的兴趣，寻求拓展幼儿兴趣并将其与幼儿生活和学习在更为广阔的世界中联系起来的方法。在一个放任的自由游戏环境中，幼儿可能会错失发展的契机；而在一个高度结构化的游戏环境中，他们可能无法灵活且创造性地解决问题。再次，作者坚持中介学习观，努力在有关游戏的陈述性知识和程序性知识之间建立内在的联系。德国哲学家康德曾说："不管理论可能是多么完美，看来显然在理论与实践之间仍然需要有一种从这一个联系到另一个的中间项。"游戏理论与实践之间的中间环节复杂多变，如何使理论更具指导性，助力幼儿教师游戏支持、指导、反思能力的提升，是游戏研究的应有之义。作者在本书中进行了有益的探索。

  本书共八章。第 1 章"促进幼儿的学习与发展"，强调游戏对幼儿各领域学习与发展所发挥的重要价值和功能。第 2 章"理解游戏的复杂性和简单性"，突出"自由游戏"与"引导性游戏"之间的异同与联系。第 3 章"理解幼儿游戏中的教师角色"，聚焦于教师在不同类型游戏中应承担的角色及具体的指导策略。第 4 章至第 7 章，重点围绕幼儿社会性－情感、自我调节能力、早期数学学习及早期语言的发展，在明确各领域发展目标的基础上，结合自由游戏和引导性游戏的实际案例，按照游戏前、游戏中、游戏后的活动发展顺序，提出教师作为计划者、引导者和反思的促进者的多重角色，以及包括目标、背景与时间、准备与材料、启发策略、可能的支持策略、记录、反思与表征等在内的具体策略与方法。最后一章，即第 8 章，对游戏与幼儿其他领域发展之间的关系做了简要的阐述和说明。

  本书主要由本人翻译完成，我的部分硕士研究生参与了校对，具体分工如下：第 1 章和第 2 章由罗彦之校对，第 3 章和第 4 章由邓菲校对，

第 5 章由刘宁莎校对，第 6 章由王童谣校对，第 7 章和第 8 章由吕雪雯校对。希望本书的翻译和出版，对幼儿园游戏的理论探讨与实践推进有所帮助和裨益。翻译过程中难免存在疏漏和不足之处，恳请读者批评指正。

游戏作为社会文化建构的产物，其价值在很大程度上受到文化、信仰、传统等多种因素的影响。他山之石虽可攻玉，但结合本国政治经济文化特色，探索符合我国实践体系的理论话语，建立游戏理论与实践之间的有机联系和桥梁，是每一位学前教育工作者的责任和担当。由此，我们更应该批判性地思考游戏理论与实践问题，进而成为富有创造力的研究者和行动者。

吴航

2022 年 4 月于华师桂子山

前　　言

在现代儿童的生活中，游戏开始退居次要地位。发生这种令人不安的状况有很多原因，例如，科技的进步使得儿童在日常生活中接触电子产品的时间越来越多，游戏的时间越来越少，孩子们更多的是参与被动的、久坐的活动；社会越来越强调对狭隘界定的技能的高利害测试，这使得家长们相信，孩子在教室里游戏而非学习，就是在浪费时间。即使在课外活动中，孩子们的游戏时间也变少了，他们将更多的时间用在参与结构化的学习活动上。早期教育工作者和研究人员感到难以置信，他们不得不为幼儿园和小学阶段的儿童捍卫游戏，更不用说婴幼儿了！

人们对儿童学习与发展的方式的误解，迫使游戏被驱逐出儿童的生活。虽然，游戏不是儿童在早期取得进步的唯一方式，但它是儿童学习与发展不可或缺的背景要素及途径。

本书旨在说明自由游戏和引导性游戏对学龄前儿童学习与发展的价值。在每一个章节中，你都会发现一些逸事趣闻，你可以通过这些案例探索儿童可能的游戏方式，了解儿童可以从自我激励的参与中学到什么，以及教师如何支持这种学习。换句话说，游戏并不只是简单发生的活动，而是一种要求教师运用知识，做好计划，目的明确的过程。为了充分发挥学龄前儿童游戏的作用，教师应考虑通过游戏来支持儿童的学习与发展目标，并且以具体策略来发挥游戏的作用，为儿童的教育带来福祉。

目　录

第1章　促进幼儿的学习与发展 / 1

　　游戏与学业发展 / 3

　　社会性－情感领域：建立友好的同伴关系 / 4

　　语言与读写领域：建构词汇 / 7

　　数学领域：分类 / 9

　　身体发展与人格健全 / 10

　　想象力与创造力：象征性和灵活性思维 / 13

　　游戏与动机 / 14

第2章　理解游戏的复杂性和简单性 / 17

　　定义游戏 / 17

　　游戏与动机 / 20

　　游戏的类型 / 20

　　区分自由游戏和引导性游戏 / 24

　　幼儿想玩游戏 / 29

第3章　理解幼儿游戏中的教师角色 / 31

　　游戏前：作为计划者 / 33

　　游戏中：作为观察者和促进者 / 38

　　游戏后：作为深度学习的引导者 / 45

第 4 章 　促进社会性－情感发展 / 51

　　社会性－情感发展的重要性 / 51

　　游戏是发展幼儿社会性－情感的重要途径 / 52

　　明确社会性－情感发展的目标 / 53

　　通过不同类型的游戏促进社会性－情感发展 / 55

　　制订游戏计划：促进社会性－情感发展 / 59

第 5 章 　促进自我调节能力的发展 / 67

　　作为学习基础的自我调节能力 / 67

　　提供指导，助力幼儿自我调节能力的发展 / 70

　　明确自我调节能力发展的目标 / 74

　　通过不同类型的游戏促进自我调节能力发展 / 74

　　制订游戏计划：促进自我调节能力发展 / 77

第 6 章 　促进早期数学学习 / 87

　　早期数学学习的重要性 / 88

　　在游戏中发展幼儿的数学理解能力 / 88

　　教师有意识的支持 / 89

　　明确数学学习的目标 / 92

　　通过不同类型的游戏促进幼儿理解数学 / 93

　　制订游戏计划：促进数学学习 / 97

第 7 章 　促进语言和早期读写能力的发展 / 107

　　游戏对语言和早期读写能力的发展至关重要 / 109

　　支持语言和早期读写能力发展的策略 / 110

　　明确语言和早期读写能力发展的目标 / 113

　　通过不同类型的游戏促进语言和早期读写能力发展 / 115

游戏后的反思时间 / 118

制订游戏计划：促进语言和早期读写能力发展 / 119

第8章　游戏支持及更多 / 127

创造力 / 127

物理知识 / 131

音乐学习 / 133

身体发展与人格健全 / 135

结　语 / 141

参考文献 / 143

# 第1章

促进幼儿的学习与发展

在阿贝拉老师的全天托班中，游戏是活动的中心。孩子们在上午和下午各有大约1小时的室内游戏时间及1小时的室外游戏时间。幼儿会进行自由游戏以及有教师引导的游戏。一天中其余的4小时是幼儿的进食和点心时间、休息时间以及教师组织的大大小小的集体活动时间（每次10~20分钟）。在这些集体活动中，幼儿能够体验音乐和艺术、倾听并讨论故事书、写日记、画画、参与科学和数学活动、通过有趣且有意义的课程认识字母。

阿贝拉老师会针对不同规模的小组活动，使用不同的教学方式。她知道，仅仅通过游戏不能让幼儿学习所有的东西，需要采用多种与幼儿发展相适应的教学策略，鼓励其积极参与活动。与此同时，她也知道幼儿通过游戏可以学到很多东西，而且由于多方面的发展原因，他们也需要游戏。阿贝拉老师深思熟虑且有目的地制订计划，促使幼儿的学习与发展通过游戏实现最大化。她班上的孩子们正在学习、发展、茁壮成长，享受着幼儿园的生活。

作为学前教育专业人士，我们希望看到幼儿的潜能得到最大限度的挖掘，以助力其美好未来的实现。大量基于研究的实践使得这一目标的达成成为可能。在发展适宜的学前教育项目中，教师关注幼儿的个体需求、兴趣和能力，以促进他们的学习与发展。他们对所照顾幼儿的年龄范围、直接经验、社会和文化背景非常敏感。为幼儿的游戏提供支持，是幼儿教师众多教育教学能力中关键的一环，也是发展适宜性教育实践的有机组成部分。

父母希望年幼的孩子得到什么？几乎所有家长都希望看到自己的孩子快乐成长，并在成年后获得成功。在选择学前教育项目时，一些家长可能并不清楚他们的选择对孩子的长远发展会产生哪些重要的影响。即使是那些认识到学前教育重要性的家长，对于选择什么样的学前教育项目最有助于孩子快乐成长、获得成功，也会有许多不同的看法。一些家长认为，能让孩子们花大量时间自由探索和游戏的学前教育项目是最好的选择；另一些家长则认为高度结构化的教育环境对孩子发展而言更好，在这样的环境中，教师主导大部分活动，幼儿则应尽早掌握基本的学业技能。在以上观点中，游戏和学习经常被视为两个完全不同且毫无关联的事物。它们的关系到底是怎样的？

在学前教育项目中，强行将游戏和学习分开，可以说是一种错误的二分法。正如大家将在后面的论述中所看到的，儿童在游戏的过程中也在进行重要的学习。因此，没有必要在游戏和学习之间做出选择，实际上，取消或严格限制儿童的游戏，从某种意义上来说就是限制其学习。

> 没有必要在游戏和学习之间做出选择，实际上，取消或严格限制儿童的游戏，从某种意义上来说就是限制其学习。

当父母把孩子送到学前教育机构时，他们往往就把孩子的发展托付给了教师。每个孩子在认知、情感、社会性、身体和语言等方面的发展都会在机构中体现出来。幼儿的这些发展领域相互关联，任一领域的发展都会影响其他领域。例如：幼儿的社会交往能力与其语言能力发展有关；幼儿早期的读写能力建立在口头语言能力发展的基础上；幼儿的恐惧和担忧会限制其参与能力与思维能力，而这些能力又可以促进其认知发展；营养不良或睡眠不足的幼儿可能会因为身体不适而昏昏欲睡，无法与同伴一起游戏。这些例子都说明幼儿是一个由复杂的联系网络构成的整体。教师在教育和照料幼儿时，需要认识到这些领域间多样的互动影响。我们不可能在忽视幼儿其他领域发展的情况下，单独培养其自我认知。

游戏与学业发展

游戏是如何促进学业发展的？给自己一点时间思考这个问题。有些教师首先想到用最为直接的方式将游戏与学习联系起来。例如：将阅读和写作材料放在表演区与建构区，并建议幼儿在游戏中使用这些材料，比如用纸和笔制作购物清单；选择相关书籍放在建构区中，为幼儿建造不同类型的建筑或者使用不同的材料提供思路；把摇篮曲和图画书放在阅读角、娃娃家，或者安静的区角，用来唱歌、阅读、摇娃娃睡觉。提供由字母组成的嵌套拼图是另一种直接支持幼儿学习的方式；也可以让幼儿数一数他们用来为一群塑料奶牛建造围栏的乐高玩具的数量；还可以提供简单的棋盘游戏，让幼儿数出棋子的数量。以上所有这些方式都非常有用，且适合学龄前儿童的年龄特点。

通过深入地思考，我们发现，游戏可以以不太明显但同样重要的方式对学习做出贡献。例如，在戏剧表演区配备与主题相关、丰富且有趣的材料。假设某个班级的活动主题是昆虫学家，从幼儿的角度来看，昆虫学家是一个令人兴奋的称谓。你可以在戏剧表演区放置塑料昆虫、用于捕捉和装昆虫的罐子和网、用于观察和分析昆虫的双筒望远镜和放大镜、绘制昆虫的剪贴板以及识别昆虫的野外指南。在你为孩子们阅读一本关于昆虫学家的书并带他们在游乐场上捕捉昆虫之后，一些孩子可能选择在表演区创造一个在丛林中寻找昆虫的游戏场景。通过构思表演游戏中隐含的脚本，幼儿能够了解描述、对话、情节和角色。尽管他们可能还不知道这些环节或要素的名称，但他们已经具备基本的意识，可以更好地理解故事并进行创编。幼儿在游戏中可以学习新的词汇，练习他们听到的新内容和新术语。

在进行假装、角色扮演、给物体赋予新意义时，儿童练习并进一步发展象征性思维能力。例如，把钳子或手指当作镊子。他们会开始思考，看起来像字母 A 的标记代表什么？看起来像数字 4 的标记又代表什么？

幼儿围绕昆虫学家这一主题进行游戏时会协商解决一些重要事宜，例如，谁来扮演什么角色，即将发生什么。随着表演游戏的展开，他们会遇到意见上的分歧，这些分歧需要协商和妥协。在教师的支持和指导下，幼儿的社会性 – 情感能够获得发展。而幼儿的社会性 – 情感的发展，又能预测他们未来在学校和生活中的成就水平。培养人际交往能力是促进幼儿最佳发展的关键（IOM[1] & NRC[2]，2012；Shonkoff & Phillips，2000）。

在昆虫主题的表演游戏中，孩子们有机会按照自己的方式和意愿进行游戏，从中获得乐趣、活力，并且能够在结构化的学前教育项目中放松下来，释放自我。在具有发展适宜性的学前教育项目中，教师会注意到日常活动安排节奏与平衡的重要性，避免由教师带领孩子们排成一行，连续久坐的活动。让幼儿在游戏中感到愉悦、放松、更少的压力，能够帮助他们更好地回到结构化的学习活动中，认真倾听教师讲故事，聚精会神地观察教师的示范，或在教师指导的活动中保持一段时间的安静并集中注意力。

现在，让我们来看一些研究，了解游戏对幼儿社会性 – 情感、数学和读写能力、自我调节及创造性的发展所做出的贡献。看看典型的学前教育机构中正在发生什么。

社会性 – 情感领域：建立友好的同伴关系

幼儿积极参与游戏，学习如何解决社会性问题，包括如何与同伴分享

---

[1] 英文全称为 Institute of Medicine，即美国医学研究所。——译者注
[2] 英文全称为 National Research Council，即美国国家研究委员会。——译者注

有限的资源;如何加入正在进行的游戏活动;如何协商角色扮演;当他们想将自己的想法付诸实践时,如何调整和转变情节。这些技能有助于提高幼儿之间友谊与互动的质量,并增添由此带来的乐趣。

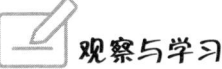 观察与学习

莫里斯和萨米在建构区自由游戏

莫里斯和萨米坐在一起搭建积木。他们不时地看向对方的创作活动,但很少互动。他们身边都各有一堆积木,他们从中选择积木进行搭建。莫里斯和萨米同时用完了三角形的小积木,然后走向架子去取。三角形的小积木只剩下五块,萨米和莫里斯都想把它们全部拿走。之前,他们也遇到过类似的情况,回想起在老师的指导下解决问题的过程,他们开始尝试自己解决这个问题。莫里斯说道:"我全都要,否则我的车库就不稳了。"

"但是我要用它们搭完我的屋顶。"萨米反驳道。

经过简短而激烈的讨论后,他们决定平分积木,但发现这样就多了一个。莫里斯提出让萨米用他积木堆里的一块长板交换多出的三角形小积木。两个人都同意这个方案,问题就这样解决了。

这对5岁的孩子来说,是一个多么巨大的成就啊!如果没有之前教师的指导,这两个孩子不太可能找到解决问题的方法。在这个自由游戏中,没有教师的参与,这为萨米和莫里斯提供了练习解决问题技能的机会和动机,两个孩子体验到自己成功解决问题的喜悦。

观察与学习

琼斯老师发起引导性游戏

琼斯老师知道,学会分享材料是她班上 3 岁孩子的一个重要学习目标。她计划让孩子们在一张带有四把椅子的橡皮泥桌上进行自由游戏。她在桌子上为四个孩子每人准备了足够的橡皮泥,以及玩橡皮泥的工具,但她有意识地只提供三种工具:擀面杖、比萨切割器和心形饼干模具。

琼斯老师投放橡皮泥桌和较少的工具,是为了让孩子们在游戏时有分享的需要。在期待中,她做好准备来鼓励和支持幼儿在有限的资源下想出解决问题的办法。

 观察与学习

泥巴厨房里的协商

罗宾斯老师班里 4 岁的孩子们喜欢在游戏场地的泥巴厨房里游戏。在最初修建时,泥巴厨房里配备了一个炉子、冰箱、水槽,以及各种各样的锅、供搅拌和舀取用的工具、碗和泥。一开始,孩子们的注意力集中在探索和尝试使用各种各样的工具上。很快,他们跨越了探索阶段,开始进行角色游戏。这种合作游戏很快让孩子们对于在泥巴厨房里应该如何玩产生了不同的想法。"今天的泥巴厨房是比萨店、家庭厨房、纸杯蛋糕店还是制药店呢?如果是比萨店,那么谁来制作面团?上面的配料是树叶、橡子还是沙子?谁来送比萨?"

当然，孩子们在这之前也遇到过需要进行妥协的情况。在泥巴厨房游戏中，伴随着不同程度的成功，孩子们锻炼了沟通协商能力。自由游戏为孩子们巩固、练习和完善他们之前在教师的支持与指导下所习得的技能提供了机会。

语言与读写领域：建构词汇

戴维·迪金森和乔伊·莫尔顿（David Dickinson & Joy Moreton）的研究表明，婴幼儿在角色游戏中与他人交谈的时间，可以用于预测他们以后在幼儿园时的词汇量。词汇量的增加能使孩子们广泛地思考他们正在学习的新概念。另有研究显示，幼儿的词汇量可以预测他们在小学时的阅读理解能力。这是一个重要的联系，毕竟，理解阅读的内容是我们阅读的最终目的。

 观察与学习

蒂安娜老师的班级在做玉米粉蒸肉

一群孩子在游戏场地的灌木丛下做玉米粉蒸肉。自从特奥和约瑟菲娜谈起他们的祖母会在新年时做玉米粉蒸肉，这个主题就在蒂安娜老师的班级活动中受到欢迎。这两个孩子也很乐意在家里帮忙做玉米粉蒸肉。在游戏中，孩子们把泥土包在大落叶里，然后把它们卖到附近的手工区。蒂安娜老师注意到孩子们对制作和销售很感兴趣，所以她提供了假钱和塑料信用卡让他们使用。

这个班级里的幼儿，其母语多为英语和西班牙语，他们会自然地使用英语和西班牙语交流，学习 tamale（玉米粉蒸肉）、credit card（信用卡）、grandma（祖母）、abuela（祖母，西班牙语）、

money（钱）、dinero（钱，西班牙语）、cornhusk（玉米皮）等单词，以及 Happy New Year（新年快乐）和 Feliz Año Nuevo（新年快乐，西班牙语）等短语。

游戏本身具有很强的激励作用，孩子们都想参与有趣的活动中。这种对游戏的渴望，促使孩子们成长，并做好准备去学习那些能够帮助他们进行游戏的词汇。游戏中的物质材料，以及最近新年假期的经历，都能够支持孩子们掌握新词汇。

 观察与学习

园艺种植词汇

种植是园艺这一单元主题的有机组成部分。凯蒂老师通过图画书向孩子们介绍了一些与此相关的新词汇："泥铲""喷壶""种子""锹""土壤""耙""水分""播种""育苗"和"照料"。在区域活动中，凯蒂老师将这些真实的物品和安全的仿制品放在种植桌上。当孩子们在种植桌上使用这些材料和替代物时，凯蒂老师会及时抓住时机，向孩子们示范这些新词汇的使用，孩子们由此逐渐开始将这些新词汇用于游戏中。

特伦斯有听力障碍，只能读懂唇语。凯蒂老师特意面对特伦斯，这样特伦斯就可以清楚地看到她的唇语。凯蒂老师还专门放置了一张长方形的种植桌，孩子们可以站在种植桌的两边，清楚地看到彼此。凯蒂老师也提醒其他孩子，在和特伦斯说话时，要注意看着他的脸。

在这个游戏中,所有幼儿都既有机会学习新词汇,又有机会学习如何对同伴的需求保持敏感并做出针对同伴个体需求的回应。

数学领域:分类

幼儿期,儿童发展并练习根据事物的声音、味道和想法等特征进行分类的能力。分类涉及比较、对照和分组。分类能力为幼儿以后学习其他重要的数学概念奠定了基础。

观察与学习

对石头进行分类

琼斯老师在地毯上的篮子里放了许多有趣的打磨过的小石头,这吸引了孩子们的注意力。这些光滑闪亮的石头,有大有小;有些有颜色,有些没有;有些颜色较深,有些颜色较浅。琼斯老师给孩子们提供了小木碗,鼓励他们按照自己的方式给石头分类。她说:"我很好奇你们打算如何将这些石头分类。我知道的一种方法是把大的石头放在一个碗里,把小的石头放在另一个碗里。你们还有其他的分类方法吗?"

对于孩子们的想法,琼斯老师及时做出回应,例如"纳吉瓦,我看到你把所有发光的石头放在一组""卡罗莱娜,来看看格里做的,你注意到了什么""詹姆斯,跟我说说你的三组是怎么分成的""我看到奥德丽有不同的想法,她把石头从小到大进行排列"。

在这个有教师引导的游戏中,琼斯老师介绍了分类的概念和具体做法。

她把分类作为一种玩石头的方式。当孩子们开始通过分类这样一种方式玩石头时，琼斯老师又通过有针对性的评述和提问来支持他们的游戏。

 观察与学习

理 解 分 类

本周，老师为沙盘配备了各种运输和施工车辆。贾森对老师在过去几天里读过的关于卡车的绘本特别感兴趣。他开始在沙盘里把卡车排成排：施工车辆在一边，非施工车辆在另外一边。之后，他又把所有的车辆重新集合在一起，把所有的汽车排在一边，所有的卡车排在另外一边。剩下的小部分车辆似乎不适合这两个类别，他决定把这些剩余的车辆放在沙盘的第三边。

通过自由游戏，贾森探索和巩固了自己有关交通工具的知识。同时，他也在运用不同的方式练习自己的分类和再分类能力。

身体发展与人格健全

当前，幼儿花在户外的时间正处于历史最低水平。研究表明，造成这一现象的原因包括：电子媒体的诱惑，家长对安全的担忧，以及通过说教的方式传授学业技能的教育政策等。户外体育游戏非常重要，它能给幼儿提供其他活动方式无法提供的好处。充满活力的体育活动有助于预防幼儿肥胖，增强其心肺功能，助力其肌肉、骨骼和关节的健康。同时，它还能促进富氧血液流向大脑，有助于大脑功能的正常发挥。

观察与学习

通过户外游戏提高儿童的注意力

史密斯老师班里的孩子们非常期待在游乐场上的时光。他们有各种各样的事情要做:一些孩子热衷于骑三轮车、爬山、跑步、荡秋千;另一些孩子被树荫下那块舒适的毯子上的书吸引;还有一些孩子径直走向沙箱、干草堆、水泥隧道或泥土区域——他们在这里可以挖掘、躲藏、交谈和玩假装游戏。史密斯老师认为,户外时间主要是自由游戏时间,孩子们在户外环境中更容易掌握这种自由。

史密斯老师注意到布赖恩在上午 10 点之前都很难集中注意力,但在沉浸于户外喧闹的游戏活动之后,布赖恩似乎恢复了活力,能积极地参加安静的活动。老师注意到里安农也有注意力不集中的问题,但他在树下的毯子上躺上一段时间,再给花园里的花花草草浇水后,注意力就会变得更加集中。

尽管幼儿在户外的大部分时间都在进行自由游戏,但史密斯老师依然会适时引导并支持幼儿的游戏。例如,她每周邀请不愿意选择激烈运动的孩子们参加接力赛、丢手绢游戏和障碍赛跑。对于那些经常选择高强度体能活动的孩子,她鼓励和邀请他们参加收集橡子和松果并分类、给花园浇水、用罐装水和用大画刷在水泥墙上"画画"等其他类型的活动。

即使没有剧烈的大肌肉运动,只是待在户外,也对孩子们的身体健康有好处。医学研究表明,挖泥土游戏有助于增强儿童的免疫系统。儿童在阳光下活动不仅有利于产生维生素 D 来强健骨骼,还可以预防近视(Bell, Wilson, & Liu, 2008; Shaw, 2005; Rose et al., 2008; Lovasi et al., 2008; Misra et al., 2008)。另有研究显示,相较于那些去除植被的水泥路面,有树木和灌木丛的自然环境,对于包括患有多动症等疾病的大多数孩子而言,有一定的镇定作用(Taylor & Kuo,2009;Taylor,Kuo,& Sullivan,2001)。

自我调节能力是指儿童不依赖成人的外部调节,能够控制自己的行为、情绪和部分思想的能力。自我调节能力是儿童入学准备状况的重要预测指标。

回想孩子们玩玉米粉蒸肉的场景。如果说这个游戏有助于幼儿词汇的发展,那么它对于幼儿自我调节能力的发展,也可以说是一个有益的经历。对幼儿来说,这种经历有趣且富有吸引力,会激励他们做一些事情来维持它。推进游戏的进程,很大程度上需要幼儿调节自己的行为,使之符合游戏规则。例如,幼儿在没有和同伴商量的情况下,突然把所有的玉米粉蒸肉抛向空中,并宣布龙卷风来了。这种行为可能会破坏游戏,导致同伴冲突,还可能把游戏搞砸,使得他们不再能从中体验到游戏的快乐。幼儿希望在游戏中玩得开心,这种期待有助于其学习避免这些冲动行为。

 观察与学习

"西蒙说"

摩根老师班里的孩子们喜爱经典的圆圈时间游戏——"西蒙说"。领导者(在这个案例中就是摩根老师)指导孩子们做出相应的肢体动作,如"把手放在头上""上下跳跃""摸鼻子"等。其中比较难的部分是,孩子们只能在老师发出以"西蒙说"开头的指令后,再做出相应动作。随着指令节奏的加快,游戏变得更具挑战性。孩子们必须注意倾听"西蒙说",并且抑制自己听到其他命令做出动作的冲动。

类似"西蒙说"这样的游戏,对幼儿来说很有趣,也有助于他们练习集中注意力和控制冲动。在这个有教师引导的游戏中，摩根老师介绍游戏规则，其目的是教授自我调节技能，之后，孩子们就可以自己发起游戏了。

想象力与创造力：象征性和灵活性思维

想象力和创造力越来越被视为个体在未来生存与发展的关键素养，尤其是在技术和社会快速变革的时代，更是如此。儿童天生就有可能成为独具创造性的思考者，幼儿期是保护和培养儿童想象力和创造性的重要时期。

 观察与学习

通过引导性游戏进行创造性再利用

在区角选择桌上，冈萨雷斯老师为孩子们提供了各种小动物和人形玩偶。除此之外，还有瓶盖、橡胶圈、回形针、各种塑料泡沫和塑料包装材料、不同大小的金属垫圈等物品。冈萨雷斯老师挑战孩子们的思维，鼓励他们进行多样化表征。她首先自己开了个头："瞧！这个回形针看起来像小长号的一部分。""也许这个瓶盖可以成为小猪的游泳池。"冈萨雷斯老师还努力抓住教育契机，积极地对孩子们的游戏做出回应，例如"克洛艾把这些塑料板作为全家人的毯子，这太有趣了""埃莉萨，跟我说说你对这些药瓶的想法""乔纳森，看来你也找到了自己使用这些塑料板的方法""噢！拉姆齐还有另一个关于小猪游泳池的主意，他把小猪都放在冰块托盘的隔间里了"。

游戏与动机

从大多数游戏的定义来看，游戏的发展方向是受到幼儿控制的，因此，游戏对他们极具吸引力。无论是在自由游戏还是引导性游戏中，幼儿都能在安全和适宜的权利范围内控制游戏的方向。在自由游戏中，教师提供环境、自由和时间。在引导性游戏中，教师扮演更直接的角色，他们为幼儿创设特定的情境，幼儿在这种情境中可能会遇到和掌握特定的概念或技能。这两种形式的游戏都很重要，对幼儿来说都具有内在的激励作用。在第 2 章中，你会学习到更多有关自由游戏和引导性游戏的内容，在第 3 章至第 8 章中，你会看到更多实例。

第 2 章

理解游戏的复杂性和简单性

儿童喜欢游戏,世界各地的儿童都在游戏。他们不需要强迫或哄骗就会进行游戏。在没有玩具的情况下,儿童也会游戏。他们创造性地使用棍子、脏木桩、门挡或自己的脚趾,把它们当作玩具。儿童甚至不需要任何实物,仅凭想象就可以玩起来。他们有时独自游戏,有时和同伴或成人一起游戏。游戏是人类的天性,尤其是儿童的天性。儿童游戏,对其助益良多!

游戏是令人愉悦的活动,它对儿童的学习与发展有重要的促进作用。游戏因其有趣和较强的吸引力而成为儿童学习的重要过程与环境,由此助力儿童早期教育。成人可能会限制儿童吃添加糖类的食物,但游戏不需要被限制。成人可能需要说服儿童吃花椰菜或菠菜,但游戏不需要成人说服儿童。幸运的是,儿童想做的事,恰好对他们的发展也有裨益。

定 义 游 戏

让我们一起来看看,"游戏究竟是什么?"不同的人可能从不同的角度对这个问题做出回答。起初,你可能会感到奇怪,研究者为什么研究游戏。实际上,这种被称为"游戏"的现象,已经被人类学、行为学、社会学、心理学、医学和教育学等各个领域的学者研究了多年。在某种程度上,你问的人不同,他们对游戏的描述也会不同。奇怪的是,尽管人们对游戏已经进行了很长时间的研究,但对其定义一直未能达成共识。

> 很少有写游戏相关内容的作者有足够的勇气去断言游戏的最终定义。
>
> ——乔·艾尔伍德(Jo Ailwood)

> 游戏是生命体的一种功能,它不容易被精确定义……游戏概念不同于我们用于表达精神生活和社会生活结构的其他形式的思想。
>
> ——约翰·赫伊津哈(Johan Huizinga)

有趣的是,大多数人(包括婴幼儿在内)看到游戏时都知道它是什么,但却无法用明确的定义来阐述它。这突出了游戏的多面性,相较于一种简单的行为类别,游戏实际上非常复杂。尽管如此,教育研究者还是尝试提出了一些广受认可的游戏特征:

- 令人愉快的
- 自发的
- 积极参与的
- 由内部动机驱动的
- 自愿的
- 象征性的
- 不受外部规则约束的
- 由游戏者主导的
- 有意义的
- 情境性的
- 虚构的

让我们进一步探索以上游戏特征,以便更好地理解幼儿的游戏。游戏是令人愉悦的,这意味着它通常有趣,幼儿喜欢玩游戏。如果某个活动对幼儿来说令其不悦,那么它往往就不是游戏。游戏没有外在的目标,它源于幼儿内心的快乐，是幼儿自愿去做的事情。幼儿玩游戏是因为他们想要参与这个过程中。如果他们参与某个活动主要是为了获得外部奖赏，那么它就不是游戏。游戏本身就是奖励。积极参与也是游戏的特征，例如，听故事或看演示可能是有价值的活动，但幼儿在其中没有积极参与，所以这些活动不是游戏。幼儿积极参与游戏，往往会使他们在活动中全神贯注。

游戏常常包含虚构的成分。虽然游戏者往往将其视为真实，但是他们也知道这不是真的。这正如被当成硬币的扑克筹码，并不是真钱一样。抛开现实，一个戴着消防员帽子的小孩可以变成1.8米高的英雄。孩子们在树下做出砍树的动作，并不是真的要砍树，这一行为具有象征性。

游戏由游戏者主导。幼儿决定游戏的方向。尽管游戏可能受到某些规则和目标的约束，但这些规则和目标是由幼儿所设定的，或他们愿意遵守的。游戏中没有强加的外部规则。成人可能会为游戏提供建议或引导，或者通过介入来保证游戏的安全，但他们不会直接告诉游戏者如何玩或玩什么。你可以在下面的案例中看到游戏的这些特征。

 观察与学习

卡莉和她的城堡

3岁的卡莉正在积木区忙碌。她把正方形的小积木平放，排列起来，然后围成一个围栏。她有目的地放置每块积木，小心翼翼地建构出直角边。在这个长方形的建筑完成后，她对自己说"现在该有门了"。卡莉移开一块积木当作开口。"妈妈和宝宝们住在这里"，她轻声地自言自语，一边把玩具屋里的小玩偶放进围栏，一边哼着小曲。突然，卡莉站了起来，走到架子前，拿了一篮子装饰用的小建筑积木，里面有拱门、角楼、柱子等。她在围栏和屋顶上添加了许多建筑积木，"嗯，是的，这是女王。她女儿

> 和她需要一座漂亮的城堡。公主，公主……"接着，卡莉让几个玩偶躺下，自己带着一丝微笑把头歪向一边，说："公主们，该睡觉了。"

游戏与动机

没有人告诉卡莉用积木做一个围栏。她自己决定了围栏的结构和它所代表的意义。她全神贯注、积极地投入自己的活动中，不关注他人是在建造城堡还是创编故事。卡莉在游戏中假装：她知道积木不是真正的城堡，玩偶也不是真正的皇室成员。她的假装活动涉及内部真实：她按照自己的意愿和想法想象城堡里的皇后和公主之间发生了什么。卡莉的游戏没有外在目标，游戏过程本身就是目标。卡莉进行游戏的目的不是为了获得什么，如一个贴纸或者一句赞赏的话，又或者是能带回家的某个成品。活动自身所带来的乐趣就是目的。卡莉就是在玩而已，或者换句话说，"哇，她正在玩游戏"。

游戏的类型

游戏有多种形式。当你观察儿童的游戏时，你可能看到客体游戏、建构游戏、假装游戏、打闹游戏、规则游戏，或者这些游戏的组合。儿童的游戏世界是丰富、多样、复杂的。

- **客体游戏**：儿童操作物体，以发现他们能对物体做些什么。
- **建构游戏**：儿童创造或建构一些东西来表征另一事物。
- **假装游戏**：虚构事实，用一个物体、想法、人或行动表征另一个事物。
- **独自的假装游戏**：儿童独自进行假装游戏。

- **角色游戏**：假装游戏的一种，两个或更多的孩子为了一个共同的目标进行假装游戏。
- **规则游戏**：受长期规则或临时协议约束的个人或团队之间的竞争。
- **打闹游戏**：特点是跑跳、追逃、摔打、嬉笑等。

 观察与学习

罗宾滑动方块

罗宾拿着一个红色的小方木块，用力地撞向另一个绿色的小方木块。绿色的小方木块滑过表面光滑的操作桌。接着，他把绿色的小方木块取回，用更大的力气推动红色的小方木块，使绿色的小方木块更快地滑过操作桌，滑过边缘，最后落在地板上。罗宾又将绿色的小方木块捡回，这一次他用力将两个木块一起滑过操作桌。

罗宾正在玩客体游戏。他摆弄着这些方块，想看看能用它们做些什么。他不仅是在探索物体本身的性质，还在试验怎么操作它们。如果在罗宾的脑海中，小方木块代表赛车，那么他的游戏就是假装游戏。尽管他自己没有扮演角色，但他用一个物体（小方木块）代替了另一个物体（赛车）。

 观察与学习

沙匡和奥马尔在建构

沙匡和奥马尔在户外的院子里一起游戏。他们用大的空心木质积木建造了两堵近1米高的墙，彼此相对。然后，他们在两堵墙中间小心地放置了几块长板。沙匡和奥马尔在他们的建构作品下挤在一起。

沙匡和奥马尔在玩建构游戏。他们通过将材料（在本案例中是积木）转化为其他东西来进行游戏。这个游戏中也涉及客体游戏的成分，因为孩子们正在探索可以用积木做些什么。如果孩子们把他们的建构物想象成庇护所，用于躲避僵尸，那么他们不仅在玩建构游戏，还在玩假装游戏。

 观察与学习

萨姆、切尔茜与午餐盒

萨姆和切尔茜在角色扮演区游戏。萨姆穿上红色斗篷，切尔茜提醒道："亲爱的，别忘了带上你的午餐盒，里面有土豆和玉米。"她把塑料的午餐盒递给萨姆，萨姆没有接，还一脸嫌弃地说："超人不吃玉米和土豆。我饿的时候，可以用超能力弄来鸡块吃。"

切尔茜皱眉，摇了摇头，说："好吧，我得去上班了。"她拿起钱包，跺着脚走出了角色扮演区。

假装有几种不同的形式。萨姆和切尔茜玩的是最复杂的假装游戏。他们每个人都扮演了角色，共同创造出一个角色游戏的场景。他们用一个物体、动作或人来表征或者代替另一个物体、动作或人。萨姆假装自己是超级英雄，他和红色斗篷表征了一个"真正"的超级英雄。切尔茜假装午餐盒里有土豆和玉米。当她拿着钱包去她想象中的工作场所时，她把自己想象成一个有工作的人。

观察与学习

卡琳娜和智贤尝试玩规则游戏

两个大班的幼儿,卡琳娜和智贤,开始玩"糖果乐园"游戏。她们按照老师教的规则抽取卡牌,然后沿着道路移动自己的棋子。"我们定一个新规则吧!蓝牌实际上是红牌!"卡琳娜提出建议。"好啊!"智贤表示同意。她们遵循这个新规则继续游戏,直到两个女孩一致认为新的规则太难记了,于是决定还是按照原来的规则玩。

规则游戏与其他类型的游戏有所不同。规则游戏有明确的规则。即便如此,游戏中的规则也在游戏者的控制之下。只要游戏者同意遵守这些规则,无论这些规则是原本固有的,还是被修改或被创造出来的,此活动都可以被视为游戏。儿童六七岁后,玩规则游戏比较常见,但学龄前儿童也喜欢玩规则游戏。

 观察与学习

奥斯汀、马科和萨米尔的打闹游戏

奥斯汀、马科和萨米尔在游乐场上跑来跑去,全神贯注,表现出旺盛的精力。他们大喊大叫,相互碰撞,在地上翻滚,爬起来继续奔跑。

观察儿童在活动中的面部表情和语调,你会发现,他们并没有真正发怒。这些男孩正在打闹,而不是真正的攻击。打闹游戏因为表面上看起来具有一定的攻击性,所以很多教师可能不喜欢。但实际上,这种游戏对自我调节能力和情感意识的发展具有重要作用,对男孩来说尤其如此。对于打闹游戏的价值,以及安全管理的建议,后面的章节中将进一步说明。

区分自由游戏和引导性游戏

我们知道,游戏既可以由幼儿独自进行,也可以与其他同伴一起,既可以由幼儿自由选择和管理,也可以由成人引导。到目前为止的案例中,孩子们都是游戏的发起者,决定玩什么以及如何玩。每个案例中游戏发展的方向都由幼儿控制。例如,卡琳娜和智贤可以选择玩棋类游戏,或者在日志桌上画画,或者在积木区玩建构游戏,她们从众多游戏中选择了"糖果乐园"这一游戏。她们控制玩游戏的方式,在最初学到的规则和之后创造性修订的规则之间保持张力转换。自由游戏是孩子们选择玩什么以及如何玩的游戏,这类游戏很少或者没有成人的干预。

引导性游戏则不同。让我们想象一下沙匡和奥马尔的建构游戏是这样开始的。

詹金斯老师把奥马尔和沙匡叫到露台上的建构区,和他们一起坐了下来。她想知道他们能否建造一座足够大的桥,让他们俩坐在下面。两个男孩热情地迎接挑战。

经过一段时间的商量,他们把3个长方形的积木首尾相连地叠放在一起。在距离第一堆积木约60厘米的地方,又有另外3个积木首尾相连地叠放在一起。这两堆积木相当高,而且很危险。詹金斯老师观察着:"哇,看起来摇摇晃晃的。这能行吗?"

"肯定行!"奥马尔大声宣告。

当男孩们在两堆积木上铺一块木板时,桥倒塌了。"我知道,"沙匡说,"我们这样就可以了"。他在地板上放了一块长方形的积木,使其面积最大的一面贴着地毯,然后以同样的方式在原来的积木上又放了一块。

"你为什么要这样放？你是怎么想的呢？"詹金斯老师问道。

奥马尔说："这样放会更结实。"然后，男孩们建构好一座坚固的桥，并一起坐在桥下。

詹金斯老师接着问道："你们是怎么摆这些积木使桥更坚固的呢？"

"我们把这个部分放在地板上。"沙匡指着其中一块积木的最大一面说。

"那是什么部分？"詹金斯老师问。

沙匡说："这是很大的一面。"

奥马尔说："这是最大的一面。"

在沙匡和奥马尔的建构游戏中，游戏是由教师发起的。她给男孩们提出了一个挑战，目标是建造一座足够坚固的大桥，可以让两个男孩坐在桥下。詹金斯老师关注男孩们对游戏中涉及的几何和力学原理的学习。随着游戏的开展，在男孩们的主导下，詹金斯老师利用机会，通过简短的评论和问题来支持他们的学习。

引导性游戏是由一个心中有潜在学习目标的成人发起的，主要通过幼儿在游戏过程中的自由选择来展开。成人在整个游戏过程中提供支持，帮助幼儿实现潜在的发展目标。

在学前教育机构中，自由游戏和引导性游戏都需要教师的参与。但教师在这两种游戏中的角色并不相同，具体如表 2.1 所示。

表 2.1　活动类型 *

类型	成人主导	儿童主导
成人发起	非游戏	引导性游戏
儿童发起	非游戏	自由游戏

*Weisberg, Deena, et al. 2015. "Making Play Work for Education." *Phi Delta Kappan* 96(8): 8–13.

如表 2.1 所示，自由游戏与引导性游戏的不同在于由谁发起游戏。自由游戏是由儿童为了自己的目的而发起的。引导性游戏是由成人发起的，他们心中有潜在的儿童学习目标。这两种类型的游戏都是由儿童主导，也就是说，儿童控制游戏的走向。除了游戏发起阶段，成人在这两种类型的游戏过程中所扮演的角色也是不同的。在自由游戏中，成人的角色是偶尔对儿童的游戏做出反应，只有在安全和儿童相关权利受到威胁时，成人才进行干预。在引导性游戏中，成人需要提供支持，帮助儿童达到成人心中潜在的学习目标。让我们再看几个引导性游戏的例子。

 观察与学习

在游戏厨房中分享

贾妮老师为游戏厨房配备了各种真实的锅、盘等烹饪用具。她故意只提供部分厨房用品的复制品。贾妮老师这样做是因为她班上的一个孩子，克拉拉，在轮流能力方面还需要学习。克拉拉患有唐氏综合征，她认知迟缓，喜欢在厨房里玩。贾妮老师看到克拉拉走进游戏厨房，埃伦和安东尼正在那里玩。贾妮老师建议："也许你们三人可以当餐厅的厨师，一起工作，准备一顿大餐。你们每人具体做什么呢？"

这三个孩子选择完角色，开始玩了起来。贾妮老师看到了一个机会：克拉拉试图想要抢安东尼正在使用的打蛋器和大金属碗。游戏厨房里还有另一个大金属碗，但只有一个打蛋器。贾妮老师拿着打蛋器，让安东尼和克拉拉各自说出自己的需求。她鼓励他们找到解决问题的办法。最后，孩子们决定，安东尼继续用打蛋器打完他的假鸡蛋，克拉拉则使用大木勺。他们还一致同意：安东尼用完打蛋器后，与克拉拉交换使用木勺。

在这个案例中，贾妮老师有意识地创设了一个需要解决冲突的环境，并为安东尼和克拉拉提供支持,以培养其轮流能力。

 观察与学习

橡皮泥桌上的宽度、高度和形状

弗格森老师一直为班里四五岁的孩子安排活动,这次的重点是大小和形状。她决定在橡皮泥桌上放置不同大小和形状的量杯,有方形的、圆形的,有又长又细的,有又短又粗的。尽管每个量杯的大小和形状不同,但它们的体积都一样,约240毫升。她尽量让孩子们观察并注意物体的形状、高度和宽度。她希望孩子们尽可能地思考有关守恒的概念:只要物体没有被拿走,无论使用什么形状的容器,物体的体积都保持不变。

当孩子们在操作材料时,弗格森老师会不时地问一些问题,例如,"这些杯子中哪个更高?哪个更粗?""你觉得这个能装更多橡皮泥吗?你是怎么知道的?""这三个杯子里的橡皮泥一样多吗?你是怎么知道的?"当然,弗格森老师不会向孩子们抛出一长串问题。相反,她让孩子们有充分的时间自己进行探索和游戏。弗格森老师专注地观察孩子们的活动,偶尔进行有趣的评论:"我看到你把它填满了。"

在以上案例中,幼儿引领游戏。弗格森老师的回应,有利于增加幼儿"实现"自己所设想的学习目标的机会。在弗格森老师的引导下,幼儿有机会和大小、形状、体积等概念一起"游戏"。

 观察与学习

把动物卡片与动物单词的首字母匹配起来

贾森老师注意到,孩子们经常玩动物卡片匹配游戏:他们要么将动物卡片按照类别进行分类,要么将其排成一列。这些都是宝贵的经验,但他现在想向孩子们介绍另一种使用动物卡片的玩法。最近,班里的孩子们正在通过阅读书籍和查看图片来学习首字母的发音。贾森老师把杰克叫到桌边,对他说:"我想给你展示另一种使用这些卡片的方法。这是什么动物?"

杰克说:"猴子!"

贾森老师说:"猴子。在这堆字母中,你能找到猴子第一个音的字母吗?仔细听啊,m-m-m-monkey(猴子)的第一个发音是什么?"

"M-m-m。"(嗯)杰克回答。

贾森老师问:"你能找到发/mmm/音的字母吗?"杰克找到了写有字母M的卡片,然后继续按照这种玩法玩了起来。贾森老师通过鼓励(如"你找到了!")和有益的提问(如"你在找什么字母?")等方式,表达自己对杰克所从事的活动的兴趣。当杰克在几分钟后失去兴趣时,他可以自由地换另一种方式玩卡片。

在以上案例中,教师为活动提供了结构。他们预先考虑要提供什么样的材料,如何引入活动,如何为活动提供支持,以使幼儿学习和练习的机会最大化,并朝着一个或多个特定的学习目标不断前进。

自由游戏和引导性游戏对幼儿的学习与发展都非常重要。在上述多个案例中,有的教师扮演不那么直接的角色,让幼儿自由游戏。幼儿在自由游戏中可能获得的积极体验,有助于其长期的学习与发展。其中,他们可能会

练习或探索某些在成人引导下可以获得的特定技能或概念，也可能没有。

幼儿想玩游戏

游戏是幼儿自愿参与的活动。这一特点本身就使游戏成为一个强大的学习过程。他们想玩游戏：单独玩，和伙伴玩，和其他人玩！他们可能玩客体游戏、建构游戏、假装游戏、打闹游戏、规则游戏或这些游戏的组合。每种游戏都可能是引导性游戏或自由游戏。几乎所有幼儿都会参与到游戏中，包括残障幼儿。他们在游戏中可能需要不同类型的支持，但无论如何，游戏对于这些幼儿，与对正常幼儿一样，都非常重要。

第3章

理解幼儿游戏中的教师角色

为了充分发挥游戏作为一种学习经验的作用,教师要做的不仅仅是顺其自然。幼儿教师可以而且应该通过多样化的策略支持幼儿的游戏。这些策略取决于幼儿在特定情境中的游戏性质,以及教师在特定时期所寻求实现的学习目标。无论是回应幼儿的自由游戏,还是发起并指导一个引导性游戏,又或者是组织其他非游戏的活动,如集体活动、小组活动或班级常规活动等,优秀的教师都知晓各种各样的策略并能有意识地选用这些策略。

有意识的教师表现出以下特质:

- 深思熟虑
- 目标明确
- 精心计划
- 能够意识到重要的活动目标
- 了解发展适宜性实践
- 能够识别教育契机
- 能够做出明智的临场决策

有意识的教师会制订学习计划,根据情境快速选择相应的学习方式和教育策略,制定具有年龄适宜性的整体学习目标和针对个别儿童的个体学习目标。

优秀的教师几乎在做所有的事情时都是有意识的。这种意识，往往意味着深思熟虑和目标明确。他们知道幼儿成长发展的目标，并通过制订计划、做出决策等方式朝着这些目标迈进。与其他早期学习活动相比，游戏也是如此。

美国的卡罗尔·科普尔和休·布雷德坎普（Carol Copple & Sue Bredekamp）在《0—8岁儿童发展适宜性教育》[1]（*Developmentally Appropriate Practice in Early Childhood Programs: Serving Children from Birth through Age 8*）一书中总结了优秀教师的特征：他们所做的一切，包括环境创设、设计课程、符合儿童的个体需要、规划学习活动以及与儿童和家庭互动，都承载着深思熟虑的教育目的。在做各种决策时（无论决策的大小），他们的头脑中始终谨记要达成的目标。目标意识强的教师即使面对不期而遇的机会（教育契机），也会依据期望儿童达成的目标以及关于儿童学习与发展的知识做出决策。

游戏前，教师应扮演计划者的角色，专注于以下事项：

- 明确幼儿学习与发展的重要目标
- 提供时间和空间
- 投放材料
- 提供激发物
- 帮助幼儿制订计划、做出选择

游戏中，教师应扮演引导者的角色，表现为：

- 支持性在场
- 邀请
- 描述
- 复述
- 回应
- 提出建议
- 添加材料
- 示范
- 展示
- 增加挑战

---

[1] 该书的简体中文版已由中国轻工业出版社于2021年出版。——译者注

- 鼓励
- 质疑
- 解释
- 简化
- 提供信息

游戏后，教师可通过以下途径支持幼儿从经验中学习：

- 记录与反思
- 展示记录
- 鼓励幼儿进行反思和表征

回顾一下自由游戏和引导性游戏的不同。成人指导的活动，虽然是学前教育项目中非常重要和必要的组成部分，但它不是游戏。游戏活动通常由幼儿主导。由幼儿发起并主导的是自由游戏；教师发起，但由幼儿主导的则是引导性游戏。

尽管自由游戏和引导性游戏各不相同，但二者都非常重要。教师应该为两种游戏都提供支持，有时支持甚至非常相似。在两种游戏中，教师都需要提前计划。在自由游戏中，除了规划角色，幼儿可能不需要任何支持，但有时会出现特定的教育契机，这时教师就可以使用指导游戏的策略。教师需要及时做出判断，是继续观察还是把握教育契机介入游戏。很多教师只有在幼儿的安全和重要权利受到威胁、有冲突需要解决时才介入游戏。在引导性游戏中，教师的任务是发起游戏，鼓励幼儿积极参与其中，并及时做出回应。如果控制太多，游戏可能就不是游戏了。

游戏前：作为计划者

优秀的幼儿教师在为幼儿制订游戏计划时，其目的应该是明确的。他们会仔细思考如何实现目标，有目的地安排日常作息、创设适宜的物质环境，为幼儿的游戏与学习提供支持。他们不是从娱乐价值而是从有助于幼儿参与和达成预期发展目标的角度出发，为幼儿选择游戏材料。在思考学习结果的同时，他们关注通过有趣多样的方式激发幼儿游戏的兴趣和想法。

教师需要明确幼儿学习与发展的重要目标。学前教育的目的不仅仅在于保障幼儿的安全和使他们有事可做。教师对学前儿童发展及其重要阶段的认知会影响游戏计划的制订。美国每个州都为3—5岁的幼儿制定了相应的早期学习标准，突出这一阶段学习与发展的重要目标。全美幼教协会（National Association for the Education of Young Children，NAEYC）则强调学前教育的发展适宜性，并为相关人员提供有关学前儿童发展和课程的各类书籍。让我们来看看教师是如何提前计划，并通过游戏来支持儿童实现潜在目标的。

提供游戏时间

能够帮助幼儿达成重要学习目标的高质量游戏，通常不会出现在短暂的游戏时间内。复杂的游戏情节需要持续的游戏时间，尤其是假装游戏和建构游戏。当幼儿只有15分钟或20分钟的游戏时间时，可能规定的时间结束了，但真正的游戏才刚刚开始！想象一下这多么令人沮丧啊！当幼儿意识到这是一种常态时，他们可能会失去开始假装游戏和建构游戏的动机。

那么，幼儿需要玩多长时间呢？这个问题的答案取决于特定的幼儿群体和一年中的时节。有着丰富游戏经验的幼儿更可能直接进行高质量的游戏，相反，游戏经验不足或刚进入某一特定班级或区域的幼儿在游戏前可能需要更多的时间来探索和体验其可能性。詹姆斯·克里斯蒂和弗朗西斯·沃德尔（James Christie & Francis Wardle）的一项研究表明，儿童至少需要30分钟才能进入复杂的游戏。玛乔丽·科斯泰尼克（Marjorie Kostelnik）等人和全美幼教协会则建议，自由游戏的时间应控制在45~60分钟。

由于高质量的游戏需要充足的游戏时间，所以如何安排这一时间就显得尤为重要。一些教师采用区域轮换的方式，让一组幼儿在某一区域玩10~15分钟，然后轮换到第二个、第三个乃至第四个区域中。15分钟可能足够让你在书写区用马克笔画画，然而，对很多幼儿来说，他们可能需要更多的时间才能完成用到精细动作和眼－手协调能力的任务。如果在某一区域时间过长，他们就可能感到疲劳，结果出现破坏性行为。相反，在积木区、角色扮演区或图书角，15 分钟对许多幼儿来说可能根本不够，更不用说深入游戏了。可以想象，在计时铃声响起时，要求孩子们合上绘本多么令人失望啊！

一些教师允许幼儿自行决定参与特定类型的游戏的时间，另一些教师则将一天中的某个时间段交给幼儿，在此时间段幼儿可以自主决定参与游戏的时长，剩余时间由教师统一规划和安排。

投放游戏材料

在后面的"湿沙"案例中，卡特里娜老师没有从架子上随意拿起一堆玩具放入沙桌中。她不会仅仅因为"我们经常玩"，就每次都在沙桌上摆放一些容器和勺子。相反，她仔细思考游戏材料对幼儿学习的促进作用：选择湿沙而不是干沙，是因为这样可以让孩子们把量杯倒过来做"蛋糕"，进而比较蛋糕的大小；准备真实的喂食勺和娃娃，是因为法拉发育迟缓，需要通过练习喂食，锻炼其精细动作；提供各种各样的厨房玩具，是因为很多孩子喜欢在准备食物的过程中玩角色游戏；在沙桌旁另外放一张小桌子，可以创造额外的空间为孩子们提供更多的玩具，不至于使沙桌拥挤不堪。卡特里娜老师还选择了一些适合幼儿多样化发展需求的材料，但不包括汽车和卡车等玩具。这是因为她认为玩这些材料，不仅需要较大的空间，可能还会妨碍孩子们在小型室内沙桌上的测量、填充、舀东西、"烹饪"等游戏。

为了更好地支持幼儿通过游戏来进行学习，教师需要认真地选择游戏材料。材料的选择需要考虑以下因素。

- **多样性**：材料应丰富多样，足以满足具有不同兴趣爱好、发展水平和已有经验的幼儿的需求，同时服务于不同类型和目的的游戏。

- **灵活性**：既有真实的材料，如角色游戏区的手机（去掉电池），又有开放性材料[1]，如建构区或艺术区的纸板。
- **数量**：一般来说，区域材料的数量应该是在该区域游戏的幼儿数量的 2.5 倍。当然，教师有时有意减少活动区材料的数量，以促进幼儿之间分享行为的发生。如果分享对幼儿来说太难，那么教师可以投放更多的玩具。

 观察与学习

湿 沙

卡特里娜老师正在布置接下来一周的班级环境，距离上次她把水桌带进教室，已经有一段时间了。她决定将水桌移至感官区，并用沙子代替水。之前，孩子们在沙桌上玩得非常开心，对其保持着极大的兴趣。卡特里娜老师决定将沙桌作为一个重要的区域选择项。尽管卡特里娜老师打算让孩子们以自己的方式在沙桌上玩，但她意识到，通过沙桌游戏可以实现多样化的长期教育目标。她设立这个区域时，就考虑到了这些重要目标。

沙类游戏有助于实现多领域的学习目标，如数学、词汇、口头语言、社会交往和精细动作等。在《发展适宜性实践：学前教育活动的组织与评价》[2]（*Developmentally Appropriate Curriculum: Best Practices in Early Childhood Education*）一书中，玛乔丽·科斯泰尼克和同事们提出了一系列利用沙类游戏实现长期教育目标的策略和方法。

---

[1] 英文为"Loose part"，有时也被译为"灵活的组件"，本书统一译为"开放性材料"。——译者注

[2] 该书的简体中文版已由教育科学出版社于 2021 年出版。——译者注

- 发展用来描述数量、相等、不等和相对数量的数学词汇
- 运用语言阐述想法、意图、情感和愿望
- 培养社会交往技能,例如,知道并使用他人的名字
- 通过妥协、谈判等和平的方式协商冲突,维护自己和他人的权利
- 使用非标准化和标准化的工具,了解物体的属性及测量方法和过程等
- 协调手腕、手、手指、手指-拇指和眼-手的动作
- 熟练使用工具,包括用于进食、书写、假装和游戏的工具

 观察与学习

湿沙(续)

把沙桌放在感官区并装满沙子后,卡特里娜老师决定在它旁边添加一张小桌子,用以放置可以在沙子中使用的各种材料:一杯[1]容量的量具、半杯容量的量具和1/4杯容量的量具;茶匙;塑料小娃娃;两个用于挖沙的铲子;三个小碗;玩具松饼罐以及一些其他的烹饪玩具等。

卡特里娜老师花了一些时间来思考通过沙类游戏可能达成的长期教育目标,她已经在心理上做好了准备,关注幼儿在沙类游戏中出现的与这些目标相关的学习行为,以便及时做出回应。

---

[1] 约250毫升。——译者注

游戏中:作为观察者和促进者

教师在幼儿游戏中可以运用以下策略。

- **观察**:作为一种支持游戏的策略,观察可以帮助你在特定的游戏情境中决定使用什么支持策略。观察也是收集数据的一种重要方式。你可以借助现场观察到的具体事件以及你对事件意义的解释,决定采用什么策略来尽可能地支持幼儿的现场游戏;你也可以将观察结果运用于后续的教育决策,即如何更好地组织幼儿未来的游戏活动。如何支持并引导幼儿开展游戏活动,往往取决于你对教育目标的认知、对个体儿童的了解,以及对游戏现场情境的观察。在以下案例中,奥斯本老师细致观察、认真思考,在马奎斯努力解决具有挑战性的拼图难题时,给予了他最有效的支持。

 观察与学习

马奎斯和鲨鱼拼图

奥斯本老师看到马奎斯正在努力完成一个由 10 块碎片组成的鲨鱼拼图。他已经正确地插入了 5 块碎片,现在正在尝试将一个大碎片倒置。他试了很多次。奥斯本老师注意到马奎斯紧皱眉头,手掌和手臂变得愈加有力和僵硬,她猜测马奎斯可能遇到困难了。为了不使马奎斯失去信心,愿意坚持下去,她很快就决定了如何介入。她蹲下来,把一只手放在马奎斯的肩膀上,温柔地说:"你看起来有些沮丧,是那块碎片不合适吗?"

"它放不进去!"马奎斯愤怒地说。

她鼓励地说:"有时候你可以反过来,尝试一下不同的方法。"马奎斯开始放松,他重新调整了碎片的方向,直到能放进去为止。

奥斯本老师拍了拍他的胳膊,说:"你试了这么多不同的方法,终于发现该怎么做了!"接下来,她继续站在马奎斯身边,鼓励他完成拼图:"就快要成功啦!过几分钟我再来看看你做得怎么样。"奥斯本老师边走边想:下午在游戏区也许可以投放几组简单一点的拼图。她准备鼓励马奎斯下午再尝试一下。如果马奎斯愿意,他就可以拼一些简单的拼图,从而体验到成功;或者,他可以玩一些更具挑战性的鲨鱼拼图。

- **支持性在场**:在以上案例中,奥斯本老师运用了亲近幼儿、安静注意等策略。当马奎斯冷静下来继续拼拼图时,她一直在他身边观看。有时,教师的支持性在场本身就足以鼓励幼儿继续游戏,正如以下案例。

观察与学习

帮助新生融入

乔休是马西森老师班里的新成员,他的母语是西班牙语,到目前为止,他只能说几个英语单词。两个男孩正在光滑的桌面上玩剃须膏,乔休站在约1.5米远的地方静静地看着他们。马西森老师注意到乔休,推测他可能想加入男孩们的游戏。在过去的几天里,马西森老师一直用"你可以说'我想在这儿玩'"这样的方式鼓励乔休加入游戏。注意到桌子旁还有位置,马西森老师决定看看乔休现在能否在没有老师的帮助下自己加入游戏。马西森老师站在桌旁,乔休看着他,他微笑着点点头。乔休走近桌子,说:"在这儿玩。"他坐下来试探性地摸了摸剃须膏。

在这个案例中,马西森老师的目的是让乔休尽可能独立地加入游戏中,他站在旁边,关注着乔休,使用了"支持性在场"的促进策略。

- 邀请:一个简单的邀请往往就能让通常不在一起玩的幼儿聚在一起。在下面的案例中,教师发现,邀请另一个幼儿加入游戏,可以增加游戏的复杂性。

 观察与学习

沙坑中的复杂游戏

阿利托老师坐在沙坑边。维克托这时正在把沙子装进装卸卡车中,然后倒出来,又装进去,乐此不疲。这时,罗米走了过来,阿利托老师看到了一个丰富沙类游戏的机会。她邀请罗米加入游戏,说:"我们一起玩吧,罗米。维克托正在给这辆卡车装货,这里还有一辆卡车。"

- 描述:向幼儿描述他们的具体游戏行为,这种描述具有重要的价值和意义。一方面,向幼儿传递这样的信息:你对他们正在做的事很感兴趣,尊重他们的游戏,所以你会关注他们。另一方面,可以帮助幼儿认识到他们在游戏中可能没有注意到的问题,引导其进行高水平的思考或行动。

 观察与学习

湿沙(续)

孩子们在游戏时,卡特里娜老师注意到拉蒙特皱着眉头伸手去拿另一个小朋友正在使用的勺子。"拉蒙特,你如果想用勺子,就需要对鲍比说什么呢?"她继续观察,"法拉,你拿起勺子喂小宝宝的时候真的很细心哦!"西西说:"我正在过生日!"卡特里娜老师回应道:"看,萨拉和西西正用松饼庆祝生日!"

卡特里娜老师在观察记录中写道:"巴里经常用两个半杯容量的量具填满一杯容量的量具,看来他似乎正在探索一半和整个之间的关系。之后,可以尝试开展相应的活动。"

 观察与学习

精细动作与积木游戏

昆西老师有意识地为布拉德利提供很多促进其精细动作发展的机会。她知道布拉德利喜欢小汽车,于是找了一些小型木质积木,把汽车图片贴在上面。然后,昆西老师邀请布拉德利到游戏区,向他介绍新的积木,并和他一起游戏:"让我看看你怎么把这些汽车积木搭起来?"昆西老师观察着布拉德利,发现他正在用宽边朝下的方式搭建。于是,她回应道:"你搭了5块,我看到你把大的一面朝下摆放。"这种描述方式让布拉德利意识到:老师注意到我了,老师正在观察我。布拉德利开始尝试用其他方法搭建——把窄边朝下。这是一种更难的方法,进一步挑战了他的感知运动技能。

- **鼓励**:有很多方法可以鼓励正在游戏中的幼儿。正如上例所示,描述是鼓励的一种形式,它传达了你对幼儿游戏的兴趣及尊重。下例中应用的表扬,则是鼓励的另一种形式。

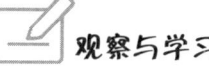 观察与学习

鼓舞人心的颜色

皮特拉在日志角用马克笔在自己的日志本上画画。她画了彩色条纹，就像画框一样。她先画了一条橙色的线条，然后在橙色线条的旁边画了一条蓝绿色线条。皮特拉的老师看到后，对她说："我看你在橙色线条旁画了一条蓝绿色线条。哇！这个配色看起来很醒目、很吸引人！太棒了！"

使用鼓励这一促进策略，需要注意避免造成幼儿之间的竞争。我们应该鼓励幼儿根据自己的表现进行自我评价，例如，"我看到你完成了雨林拼图。让我们一起看看，哇……20块了！我记得你以前只能完成10块的拼图，看来经过练习，你拼拼图的能力越来越强啦！快表扬一下自己！"

- **增加挑战**：在布拉德利玩汽车积木的案例中，昆西老师运用"描述"这一策略引导布拉德利进一步挑战自我。作为教师，你可以像下面案例中的卡尔森老师一样，通过增加挑战来丰富幼儿的游戏体验。

  观察与学习

调 色 师

卡尔森老师在探索区投放了一些白色的塑料调色盘，三个分别装有红、蓝、黄三色的颜料罐以及塑料滴管等。安纳亚和阿梅莉亚来到探索区，她们把各色颜料随意地混在一起，倒入桌子中间的容器中。看到这一幕，卡尔森老师走近她们，问道："你们是怎么把颜料调成橙色的？只用两种颜料，看看能不能调出橙色？"

一番尝试后，两个女孩用黄色和红色调出了橙色。接下来，卡尔森老师又提出了一个问题："你们怎么记得刚才是用黄色和红色调出橙色的？"在老师的支持下，女孩们想出了一个主意。她们决定做一本混合颜色日志，这样她们就可以作为颜色科学家，记录自己用原色调配合成色的发现。

- 提问：不同类型的问题需要幼儿以不同的方式进行思考和回答。然而，很多教师都局限于使用事实性问题，这些问题的答案要么是"是"或"否"，要么是一个简单的词语。如果幼儿听到过多此类问题，他们就会逐渐认为，教师问这些问题是为了测试他们是否知道正确答案，这会导致他们对教师所提的问题不再感兴趣。事实上，我们有很多有趣且有用的提问方式。在下面的案例中，拉克尔老师就用了一个问题来鼓励玛丽和桑米审视自己的思维。

 观察与学习

开放式问题

上周，拉克尔老师开展了一项小组活动。活动中，她鼓励孩子们预测一辆小汽车从不同坡度上下来的速度，然后她进行了演示。现在，她添加各种坡道和材料来建造通向积木区的坡道，以激发孩子们的实验热情。玛丽和桑米最先接触这些材料，他们各自设计了一个坡道，并一致认为小汽车在玛丽的坡道上行驶速度会更快。在他们开始验证这个结论是否正确之前，拉克尔老师提出了一个问题："我对你们的想法非常感兴趣，你们为什么认为小汽车在玛丽的坡道上会跑得更快呢？你们是怎么得出这个结论

> 的？"这个问题让玛丽和桑米重新审视自己思考问题的过程。拉克尔老师知道，这种元思维是认知发展的重要组成部分，它会促使幼儿习得新的学习方式。

开放式问题常常被用来激发幼儿的批判性思维和创造性思维，鼓励他们参与对话。这种问题没有唯一正确的答案，人们可以有多种回答，例如，"你为什么喜欢狗？"教师使用封闭式问题，其目的是通过幼儿简短的回答来获取特定的信息，而不是为了促进幼儿批判性或创造性思维的发展，例如，"你的狗叫什么名字？"常见的开放式问题主要有：

- 鼓励幼儿进行比较的问题："这些东西有什么相同之处？"
- 鼓励幼儿意识到自己思维的问题："你为什么决定这样做？""你是怎么知道的？"
- 鼓励幼儿进行观察的问题："你注意到了什么？"
- 鼓励幼儿进行预测的问题："你认为弹珠会从这里滚到哪里去？"
- 鼓励幼儿做出决定的问题："这次你想怎么做？"

■ **添加材料**：在下面的案例中，乔尼老师在活动区投放了多种多样的材料，以促进幼儿高水平游戏的发生。在游戏进程中，教师也可以添加材料。

 观察与学习

再次激活被幼儿厌倦的游戏区

乔尼老师在班里角色游戏区为3岁的孩子们提供了木制冰箱、

> 水槽、玩偶摇篮、玩偶高脚椅、烤箱、炉子、桌子和椅子等。除此之外，还有锅碗瓢盆、娃娃、毛毯、孩子们穿的角色扮演服、钱包、背包和手机等。
>
> 近来，乔尼老师注意到这个区的游戏质量正在下降。越来越少的孩子进入这个区，即使在这个区游戏，也经常发生一些矛盾和冲突。她还注意到，孩子们对读写活动的兴趣逐渐增加。他们会在书写区涂涂画画，并把涂画作品放在信封里，投寄到邮筒。有的孩子则在图书角给毛绒玩具读故事。
>
> 为此，乔尼老师拿走了角色游戏区的一些材料，另外投放了一个真的邮箱、一张桌子、一把椅子、一些书写用具、纸和信封。当然，还有一把小摇椅、几本书和几个装有支票簿的钱包。她在周一的晨间谈话中向孩子们介绍角色区材料的这些变化。到了周五，她发现孩子们积极地将书写材料融入他们的游戏中，角色游戏区的游戏变得更加快乐和复杂。

适当地调整游戏区域，可以重新吸引孩子们的注意力，提高他们游戏的质量，支持他们的游戏兴趣。

游戏后：作为深度学习的引导者

有时，引导性游戏是从最初的自由游戏发展而来的。在下面的案例中，卡特里娜老师根据自由游戏时间幼儿在沙桌旁的行为发起了一次引导性游戏。

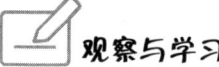 观察与学习

湿沙（续）

孩子们玩沙桌自由游戏已经有些时日了。今天，卡特里娜老师决定和孩子们玩一个引导性游戏。她注意到巴里和波希亚对量具非常感兴趣，所以她决定朝这个方向引导。她把两人叫到沙盘前，说："我注意到你们一直在玩这三个量具。这是一杯容量的量具，这是半杯容量的量具，这是1/4杯容量的量具。你们知道需要多少个半杯容量的量具才能装满这个一杯容量的量具吗？你们想猜一猜吗？你们是怎么发现的？"两个孩子开始琢磨起来。之后，卡特里娜老师又问道："你们知道哪个量具装的沙子更多，哪个装得更少吗？"卡特里娜老师反复操作这些量具，尤其是1/4杯容量的量具和半杯容量的量具。过了一会儿，她又向孩子们提出了更具挑战性的问题："多少个1/4杯容量的量具里的沙子能够装满一个一杯容量的量具？你们是怎么知道的？又是怎么发现的？"

卡特里娜老师对于幼儿所要达到的发展适宜性目标非常清楚，为此她有意在游戏中进行适时引导。她随时准备发现并把握教育契机，通过鼓励与支持来积极回应幼儿。为了让孩子们关注容积的测量和使用用于表达相对数量的词汇（如"多于""少于"等），她发起了引导性游戏。

即使游戏结束，你通过游戏帮助幼儿学习与发展的使命也不应就此结束！除了你自己对游戏观察进行反思以确定下一步的游戏计划或学习计划之外，你还可以鼓励幼儿对游戏进行反思。

> **观察与学习**
>
> ### 记 录 游 戏
>
> 泰特老师的班里都是四五岁的孩子。他经常用手机拍摄孩子们游戏的过程。有时，他用手机捕捉孩子们特别兴奋的时刻，例如，他们在游乐场上玩耗费精力的追逐游戏时。有时，他又用手机记录孩子们在建构区搭建的不同建构物，如库尔特、斯蒂芬和马利克搭的飞机场。泰特老师有时还在游戏结束当天将这些照片打印出来粘贴在公告板上。公告板在孩子们离园前常坐的圆圈毯附近，孩子们围坐在圆圈毯上时，泰特老师可以用这些照片和即将离园的孩子们反思他们一天的幼儿园生活和游戏。

无论是否有照片，幼儿都可以反思自己的游戏，教师也应该鼓励幼儿反思。这种反思不仅可以为幼儿未来的游戏提供思路，扩展其对游戏及伙伴的选择，还可以鼓励幼儿有意识地思考游戏经验给他们带来的感受，并基于已有经验做出下一步选择。用说、画、写等方式描述自己的经验，有助于巩固幼儿的记忆，使其更形象、更容易被理解。这也传达了另一种信息，即幼儿的游戏是有价值且重要的活动。

教师可以考虑通过以下方式鼓励幼儿对游戏进行反思。

- 孩子们从游乐场回来，洗手喝水后，让他们坐下来，就刚才的户外游戏画一画或写一写。
- 点心时间，让孩子们轻闭眼睛，想一想上午的游戏。之后，鼓励孩子们与同桌的伙伴聊一聊当天的游戏。
- 圆圈时间，向孩子们展示你当天早些时候拍摄的小组游戏的照片。邀请照片中的孩子分享游戏中发生的事情，你可以做记录。
- 圆圈时间向点心时间过渡时，选一个孩子用身体语言再现他在游戏时间做的事情，其他孩子一起猜一猜。

通过记录，教师既可以反思过去的游戏活动，又可以计划未来的游戏活动，还能了解幼儿的发展状况。在具体的记录方法上，除了拍照之外，教师还可以使用描述幼儿游戏行为的逸事记录、录音、行为检核表和班级地图等方法。

你可以使用不同的策略，以达到对幼儿游戏不同水平和数量的支持。"材料投放"和"支持性在场"可以说是一种低水平的支持，能够为幼儿提供间接的、低程度的帮助。更直接的支持策略包括示范和提供信息。对有意识的教师来说，在特定的情况下对特定的幼儿提供适宜的支持，是其决策作用的体现。"支架"（scaffolding）和"最近发展区"（zone of proximal development，ZPD）有助于我们决定为幼儿提供什么样的支持和帮助。

苏联心理学家列夫·维果茨基（Lev Vygotsky）提出的"最近发展区"概念，主要是指这样一种区间，它介于幼儿能独立完成和在成人或更有能力的其他同伴的帮助下才能完成之间。同时，维果茨基提倡支架，它强调为幼儿提供支持，以帮助其顺利跨越最近发展区，完成相应的任务要求。当然，随着幼儿能力的增强，这种支架也需要逐渐撤除。

最近发展区和支架过程与幼儿学习中的掌握和挑战息息相关。任务的挑战性过强，幼儿往往会变得沮丧，并放弃任务；任务的挑战性过低，他们就会觉得无聊和厌倦。幼儿需要机会来迎接挑战，也需要外部的支持来促进自身的发展，还需要机会获取他们无法企及的成就。与此同时，他们也需要有机会练习已经掌握的技能。

第4章

促进社会性-情感发展

大家还记得"全人教育"吗?"全人教育"将儿童视为完整的个体。这提醒我们,不仅儿童学习与发展的各个方面非常重要,而且它们之间是相互联系、相互影响的。幼儿社会性-情感领域的发展尤其如此。我们很难准确分辨出幼儿的哪些表现属于"社会性发展",哪些表现属于"情感发展",二者密切相关,所以本章将二者放在一起讨论。应该说,幼儿的社会性-情感发展涉及人际交往、积极的自我认同、情商和社会价值观等。自我调节是幼儿社会性-情感发展领域的另一个重要内容,我们将在第5章进行讨论。

社会性-情感发展的重要性

有效互动、识别并理解他人的感受、积极管理自己的情绪,可以说是人类幸福生活和个体成功的基石。社会性-情感发展对个体而言,具有重要的价值和意义。虽然部分学者认为促进幼儿这方面的发展主要是家庭的责任,实际上,学前教育机构在培养幼儿的社会性-情感发展方面独具优势:它们可以为幼儿提供丰富的同伴交往机会以及家庭中欠缺的活动材料,也有熟悉社会性-情感发展目标并善于提供支持和帮助的教师。高质量的学前教育机构还会保障幼儿充足的游戏时间,这是促进幼儿社会性-情感发展的重要情境。

社会性-情感发展为幼儿入小学和未来的学业成功提供了坚实的基础,是其入学准备情况和低年级学业成就的重要预测指标。研究者约瑟夫·津斯(Joseph Zins)和他的同事发现:社会性-情感发展较好的幼儿对学校的态度往往更加积极,其学习动机和学业成就水平更高,缺勤记录更少。如果幼儿在社会交往、自我控制或情绪表达方面存在困难,那么在校学习对他们而言将会是巨大的挑战。美国心理学家C.西贝利·雷弗(C. Cybele Raver)明确指出:"过去近20年的研究表明,儿童的情绪发展和行为适应能力是影响其低年龄段学业成功可能性的重要因素。"接下来的研究支持了这一观点。

游戏是发展幼儿社会性-情感的重要途径

在游戏中,幼儿再现了他们社会生活中的场景与角色。他们往往先在游戏中体验,然后将其运用于具体的现实生活中。也就是说,当幼儿能够在游戏之外表现出社会交往的自信心与胜任力之前,他们通常已经在游戏中有所表现。

游戏本质上是一种自我激励、高参与度的活动。它本身就是奖赏,能促进幼儿之间的交流、协商和轮流。例如,当孩子们在游乐场上用三轮车玩洗车店游戏时,活动自身的乐趣就增强了他们解决问题的愿望,如谁扮演哪个角色,以及如何排队洗车等。

幼儿参与角色游戏时,经常会表现出一些情绪,如假装高兴、悲伤、生气或害怕。你可能会听到一个幼儿说:"哦,不!我们必须把这些小宝宝从大火中救出来!"这些假想的场景为幼儿提供了丰富的机会,让他们能够使用与情绪情感相关的词汇,思考情绪情感产生的原因,或者"激活"和"读懂"与特定情绪情感相关的面部表情和行为。

同时，游戏有助于幼儿缓解痛苦。例如，目睹过毁灭性火灾的幼儿可能在未来几天内选择扮演消防员，以此缓解内心的恐惧。当然，他也可能换一种更能被自己接受的结果，或者不断重复悲伤的结果，例如埋葬一只在火灾中死去的家庭宠物。对于创伤性较小的事件，幼儿也往往通过改变游戏中的角色来积极应对。例如，一个被父母责骂的孩子可能会在游戏中把自己想象成父母，用同样的方式责骂他心爱的毛绒玩具。教师应该知道，成人往往通过在脑海中回放创伤性事件来达到"掌控"困难情境的目的，但幼儿不同，他们往往通过游戏来"掌控"创伤性事件。

幼儿教师可以通过多种方式促进幼儿的社会性－情感发展。常规的教育教学、班级的管理规划、课程材料的投放使用等因素，通过影响班级的情绪氛围、幼儿参与各类互动的数量与类型等方式，进一步影响幼儿的社会性－情感发展。教师既可以通过解决实际社会问题、角色扮演、图书分享等具体的社会性－情感活动促进幼儿发展，又可以使用专门为促进幼儿社会性－情感发展开发的基于研究的课程资源包，如"第二步早期学习"项目（Second Step Early Learning Program）和"惊奇岁月"项目（Incredible Years Program）。大多数得到研究支持的幼儿社会性－情感提升策略都可以在游戏活动中使用，因为幼儿之间自然的同伴交往通常发生在游戏之中。

明确社会性－情感发展的目标

在童年早期，儿童的社会性－情感有了初步的萌芽和发展。下面的清单并不一定详尽，但它明确了学前儿童社会性－情感发展的一些重要目标。这些目标由玛乔丽·科斯泰尼克和同事们在《发展适宜性实践：学前教育活动的组织与评价》中提出，得到了美国社会研究委员会（National Council for the Social Studies）的确认。为了深入了解这一领域的相关信息，你可以查阅相关的参考文献、你所在州的早期学习标准、你所工作的项目目标以及特定的园本课程目标。尤其值得注意的是，在幼儿发展其社会性－情感时，你应该进行适当的支持和引导。

- 识别并使用他人的名字
- 发起互动
- 加入工作或游戏小组
- 提出和采纳建议
- 运用词汇表达需求、权利和感受
- 维持长期的关系
- 轮流
- 识别他人的情绪和观点
- 通过妥协、谈判等和平的方式协调冲突，维护自身和他人的权利
- 关心他人的权利、感受和幸福
- 开展合作
- 乐于助人，如分享信息或材料，提供物质援助及情感支持
- 认识并尊重个体间的异同
- 识别情绪情感
- 获取和使用语言表达情感
- 了解环境和事件对个体情绪情感的影响
- 了解个体对他人感受的影响，你对他人友好，他人才会对你友好
- 加强对"公正"与"偏私"、"对"与"错"、"善"与"恶"的理解
- 对他人抱有同理心
- 爱护、尊重班级材料
- 发展家庭成员之外的和谐的人际关系
- 交流对自己未来潜能的信念

通过不同类型的游戏促进社会性-情感发展

在这部分的以下内容中,你会发现一些在幼儿园班级或户外活动区支持幼儿社会性-情感发展的案例。需要注意的是,这些案例既包括教师参与较少的自由游戏,又包括教师带着特定目的发起的引导性游戏。二者都有助于支持幼儿社会性-情感的发展。

数学区和操作区

在下面的案例中,教师正计划和孩子们一起玩引导性游戏和规则游戏。她特别关注双语学习的幼儿在社会交往方面的发展。

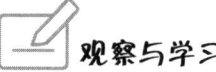 观察与学习

棋牌游戏中的轮流

琼斯老师希望这个四人小组能通过学习"从1数到10"和"一一对应"获得发展。四人小组中的一个孩子叫罗德里戈,他是一名双语学习者:他的西班牙语说得很好,但英语水平有限。琼斯老师打算通过"嘿!樱桃[1]"(Hi Ho! Cherry-O)这一游戏帮助罗德里戈学会轮流。罗德里戈知道英语和西班牙语的数字1—10,所以这款游戏的数学要求对他来说并不难。这样,他可以把更多的精力和注意力集中在学习"轮流"上。

琼斯老师也知道英语和西班牙语的数字1—10,她还知道西班牙语"a quien le toca"这个短语的意思是"轮到谁了",如果游

---

[1] 一款数数游戏,规则是每个玩家选一棵树,再选一个某种颜色的筐,通过转转盘获得的数字,将水果从树上摘下放到自己的筐里,如果转到小狗或小鸟,就要把相应数量的水果送还到树上,最后,第一个把所有水果都摘到筐里的玩家获胜。——译者注

戏过程中有需要，琼斯老师就可以使用这些词汇。她计划在游戏中使用"轮到谁了""轮到基拉了""稍等一下"等词句，以便为罗德里戈提供倾听和学习有关"轮流"的英文短语的机会。

有了在游戏中关于轮流的丰富经验以及英语词汇，罗德里戈未来就更有可能在不确定或者更加复杂、更具挑战性的情境下理解轮流的过程及使用有关轮流的词汇。

积木区

阿普尔顿老师尤其关注发展龙尼的社会交往能力。龙尼患有自闭症谱系障碍，这类孩子通常在语言发展和社会交往上存在困难。社会性游戏对他们而言，尤其困难，但它是促进幼儿社会化和学习的重要途径。现在，阿普尔顿老师正在努力帮助龙尼接受和其他孩子在同一空间游戏。这可能是朝着与他人共同游戏并分享材料迈出的一小步，但意义重大。

 观察与学习

学习分享空间

阿普尔顿老师选择了地毯游戏区，这是因为龙尼经常在这里玩，他在这里感觉轻松、舒适。阿普尔顿老师在这里投放了很多龙尼喜欢的玩具，允许他独自玩上几天。与此同时，她还为龙尼找到了一个富有耐心、社交能力强、平易近人的同伴——卡拉。她很愿意和龙尼一起在地毯游戏区玩。在征得卡拉的同意后，阿普尔顿老师解释道："你要帮助龙尼学习如何游戏，我会告诉你做什么。"

在最初的几天，阿普尔顿老师告诉卡拉如何在龙尼旁边玩但不与他互动。这种平行游戏的时间每天都会有所增加，直到龙尼能够接受与卡拉在同一空间进行游戏后，阿普尔顿老师才鼓励龙尼和卡拉使用同样的材料进行互动。

艺术区

在下面的案例中，我们将看到一个自由的创造性游戏。其中，教师尝试短暂地介入，以帮助孩子们进一步发展情绪情感能力。

观察与学习

用语言表达情绪情感

晨间圆圈活动结束后，就是孩子们自由游戏的时间了。在自由游戏之前，珍妮老师提醒孩子们有哪些可能的选择。今天，她指着并排的双画架，告诉孩子们可以选择在画架上自由作画。

孩子们玩了约10分钟时，珍妮老师注意到沙特丽亚和奥利维娅在画架前并排画画。沙特丽亚用深浅不一的棕色、黑色和灰色作画，奥利维娅则用了大量的红色和橙色。珍妮老师对两个孩子说："我注意到你们用完全不同的颜色作画，我很好奇，你们能跟我说说吗？"沙特丽亚说："我在画我的祖母欧文斯。"

珍妮老师很感兴趣，说："跟我说说那幅画里的欧文斯祖母吧！"

"我爱我的祖母，"沙特丽亚回答，"她是棕色的，有黑色和灰色的头发。"

珍妮答道："哦，我明白了！那你画这幅画的时候有什么感觉呢?"沙特丽亚回答道:"开心,还有可爱、温暖、温柔。"

珍妮老师接着回应道:"嗯,开心!听起来你和欧文斯祖母在一起的时候,一定也会感到舒适和放松。"沙特丽亚微笑着,点头表示同意。

一直旁听两人对话的奥利维娅接着说:"我在画'弟弟弄坏了我的风车'。"珍妮老师问道:"他把你的风车弄坏了?"

奥利维娅回答道:"嗯,我画的是生气。"

珍妮老师接着说:"你听起来确实很生气。事实上,你听起来有些愤怒!真的很生气。""这就是为什么我画的是红色的。我很愤怒!"奥利维娅说。

游戏场地

以下是一个追逐打闹游戏的案例。当孩子们有机会发展情绪情感能力时,教师大多不会介入他们的游戏。

 观察与学习

识别他人的情绪情感

罗杰、奥尔顿和艾拉经常在游戏场地玩追逐打闹游戏。他们似乎很喜欢这种游戏,已经玩了好几天了。这种持续性的游戏经验,使他们逐渐学会解读彼此的情感信号。虽然追逐打闹游戏在肢体上很激烈,但孩子们同时可以学会从同伴的身体姿势和面部表情中明白游戏"只是假装的"。偶尔,游戏中的某个孩子会真的生气或愤怒,其他孩子可以从其沮丧的眼睛和嘴巴中看出这一点。当孩子们接收到"我真的生气了"这一信息时,他们就会停止追

> 逐打闹。
>
> 　　教师会密切关注孩子们的游戏，偶尔提醒大家有些同伴可能真的很痛苦。随着经验的丰富，孩子们逐渐学会解读同伴的情绪情感暗示，教师的提醒就会变少。对部分孩子来说，教师有必要直接教会他们用语言表达自己的需求，如"停！我需要暂停"，同时坚定地举手以明确示意。

　　在这个案例中，教师认识到追逐打闹游戏不仅有助于幼儿情绪情感和身体健康的发展，而且对幼儿自我调节能力的发展具有重要作用。教师可以使用多种策略支持、管理追逐打闹游戏，防止幼儿受到伤害。

制订游戏计划：促进社会性－情感发展

　　以下部分提供了一个思考框架，有助于你制订游戏计划，以此达到幼儿社会性－情感发展的目标。第一种游戏计划的目标是让幼儿自信地表现出一系列能力和完成现有任务及接受新任务的能力。第二种游戏计划的目标是培养幼儿通过妥协、谈判、维护自己和他人的权利等和平的方式协商解决冲突，以及与其他幼儿或小组共同完成任务的能力。

　　教师可以使用以下策略，制订游戏计划，促进幼儿实现那些你认为重要的社会性－情感发展目标。你可以从本章列举的目标、你所在州的早期学习标准和你所在项目的课程中获取目标。此外，在制订并实施游戏计划后，你要思考以下问题，以评估游戏计划的有效性：

- 孩子们对我提出的问题有何反应？他们说了什么？做了什么？
- 我用了哪些支持策略？孩子们对我的支持策略有何反应？他们说了什么？做了什么？

- 哪些证据可以表明孩子们正在朝着我制定的目标和方向前进？
- 如果我再次执行这个计划或类似的计划，我会有什么不同的做法？
- 为了帮助孩子们进一步朝着目标前进，我下一步该做什么？

自由游戏的计划

游戏前：作为计划者

想象这样一种场景：你班里的几个孩子正在积木区用大型单元积木搭高塔。他们挑战自己的潜能，把塔搭得尽可能高，对自己的成就非常自豪。你发现，这是利用孩子们在游戏中表现出的兴趣促进其发展的好时机。

目标

思考积木游戏所支持的幼儿学习与发展目标。其中特别明显的是，幼儿对自己的多项能力和完成特定任务的能力表现得十分自信。

背景与时间

你决定在自由游戏时间继续鼓励幼儿在积木区进行此类游戏。

准备与材料

孩子们建构大型单元积木的能力越来越强，你决定在同一区域适当投放一些小型积木，以增加环境的挑战性。你在积木区里添置了一个竹篮，里面放着大量5厘米×5厘米×5厘米的积木。

启发策略

现在，你准备将新投放的方块积木作为唯一的游戏激发物。你决定看看孩子们第一次接触这些材料时会怎么做。

回忆一下"支架"，它是指只提供幼儿获得成功所需的支持。在本案例中，教师只需要为孩子们添置一些小的方块积木，就能够很好地支持其自信心的发展。当孩子们努力超越其原有的发展水平时，你还可以提供额外的支持和鼓励。

游戏中：作为引导者

当尝试思考接下来会发生什么时，你可以考虑以下支持策略。

- 如果孩子们不想用小积木搭建高楼，那么你可以花点时间在积木区和孩子们一起玩平行游戏，自己搭一个高楼。孩子们可能只是注意到你做了什么。当然，你也可以用语言吸引他们的注意："哦！快来看啊，这些小积木也可以搭高楼呢！"

- 如果孩子们不知道如何搭建，那么你可以把小积木放在大的单元积木上，因为积木区的地毯可能会使直接放在上面的小积木不稳定或难以平衡。你可以说："哦！地毯让它摇摇晃晃的，要不我们试试把这块长方体积木做底座？或者，你们还能想出什么其他办法让小积木更稳定吗？也许可以用其他东西做底座。"

- 你还可以通过发表评论向孩子们传达你对他们的活动及其所取得的成就的兴趣。例如，"我看到你正在小心翼翼地让积木保持平衡"或者"我觉得这座塔比你过去搭的塔更高"。

游戏后：作为反思的促进者

记录

你可以给孩子们一起搭的塔拍张照片。

反思与表征

游戏结束后，你可以向孩子们展示照片，鼓励他们积极反思。你可以问孩子们："用小积木搭塔，你们觉得是更容易了，还是更难了？""建这么高的一座塔，你们需要做什么？"你可以提建议："如果你们打算今天下午搭一座塔，也许现在可以画一画需要用多少块积木。"

你可以用评估游戏计划的有效性的问题来评估自己的游戏计划。

引导性游戏的计划

游戏前：作为计划者

让我们想象一下，你们班最近正在开展"动物园里的动物"这一主题单元活动。孩子们对这个主题非常感兴趣，你估计他们的兴趣可能会持续两三周。在这个主题活动中,你已经给孩子们读了几本关于动物园和动物的书,还给他们看了一段小视频。你注意到,有几个孩子特别喜欢这个主题,他们长时间在户外游戏场地假装自己是动物园里的动物,把游戏场地的设备——水桶、三轮车、货车——放在一起努力做成围墙。游戏场地的材料有限,因此孩子们为了建造自己心目中的大动物园,常常会发生矛盾。为此,你决定在室内提供机会,鼓励他们在此建造一个微型动物园。

目标

你认为这既是一个发展幼儿社会性,又能帮助他们更好地理解本主题单元内容的好机会。这个活动在鼓励幼儿与同伴或小组共同完成某一项目的同时,促进他们通过妥协、谈判等和平的方式协商冲突,维护自己和他人的权利。

背景与时间

区域活动时间比较适合开展此类活动。你所在的班级,每天区域活动的总时间是 1 小时,一般每 20 分钟进行一次区域轮换。建造动物园这一任务很难在一个区域轮换时间内完成,所以你打算在下午的区域活动时间继续此活动,当然也可能会延续更多的时日。

准备与材料

这个活动不可能一次完成,所以你需要专门为孩子们提供一块两平方米的薄胶合板,以便他们在板子上进行搭建。除了板子,你还要为他们提供一大块橡皮泥团、小木棍、树叶、石头、毛根、小盒子、木棒和塑料小动物。

启发策略

通过阅读书籍、观看视频、探讨"动物园里的动物"这一主题内容等方式,你已经为孩子们开展游戏奠定了基础。你可以告诉他们:你注意到他们一直在户外玩"动物园"游戏,现在你在室内投放了一些材料,他们就可以在教室里玩。你还可以提醒他们,不是班里的每个孩子都有足够的材料来建造自己的动物园,因此他们需要学会合作。

游戏中：作为引导者

你可以考虑以下可能的支持策略。

- 你的职责之一是观察和倾听孩子们的进步，在他们需要的时候提供支持和帮助。
- 寻找机会向孩子们描述他们正在做的事情，尤其是与社会性发展目标相关的行为，例如"我听到你在问罗比的想法""我注意到菲利普和玛尔塔在一起使用橡皮泥，互相分享，做了很多动物的巢穴"。

如果孩子们陷入冲突，你可以通过提问来帮助他们。例如，如果一个孩子想做笼子，而另一个孩子想让动物们生活在更加自然的围栏里，那么你可以问："你们能找到一个双方都能接受的方案吗？"或者你可以建议"也许我们可以把某些动物放在笼子里，把另外一些放在更自然的围栏里"，又或者给予他们提示，如"利亚姆，我们一起听听玛尔塔的想法"。

最好的支持是不多不少，恰到好处。如果孩子们遇到分歧，你可以先试试最低水平的帮助和支持，如"记得吗，我们可以说出各自的想法，协商解决"。如果这还不够，那么你可以提供更加结构化的支持，如"利亚姆，你可以告诉玛尔塔你觉得问题是什么，玛尔塔也会告诉你她觉得哪里有问题"。

游戏后：作为反思的促进者

记录

记录孩子们开展合作、解决分歧的行为，以后可以与孩子们分享。

反思与表征

在点心时间，鼓励孩子们说一说动物园游戏中有趣和困难的事情。

你可以用评估游戏计划的有效性的问题来评估自己的游戏计划。

制订你的游戏计划

请使用下面的模板。从一两个社会性-情感发展目标开始,你可以从本章列举的目标、你所在州的早期学习标准或你所在项目的课程中找到它们。根据你对班级幼儿及其兴趣、能力、偏好的游戏内容等方面的了解,制订一个游戏计划,助力幼儿朝着最初拟定的目标前进。如果你想鼓励幼儿进行不同种类的游戏活动,可以参考本书第 2 章的内容;如果你想了解在游戏中可以使用的支持性策略,可以参考本书第 3 章的内容。

游戏前

目标

_____

_____

背景与时间

_____

_____

准备与材料

_____

_____

启发策略

_____

_____

游戏中

可能的支持策略

_____

_____

游戏后

记录

反思与表征

第 5 章

促进自我调节能力的发展

　　幼儿阶段是发展自我调节能力的关键时期。幼儿的自我调节能力由一系列复杂的技能组成，它是幼儿社会性－情感发展的一个重要内容，对学龄前儿童的最佳发展和入学准备至关重要。从学步儿时期到学前时期，再到小学低年级阶段，儿童不断学习如何调节自己的身体、情绪和思维。当然，很多学者认为自我调节属于认知领域的发展范畴，这从另一个方面说明了儿童的学习与发展是一个相互联系的整体。

　　一个具体有自我调节能力的个体往往能自我管理，不需要依赖外部调控。当然，这一发展是渐进的，需要持续较长的时间。幼儿的自我调节能力涉及延迟满足，控制冲动，有意识地关注，抵制诱惑，制订和执行计划等。教师应该理解他们在这些方面获得的发展。

作为学习基础的自我调节能力

　　幼儿如果没有发展自我调节能力，往往就会依靠他人规范自己的行为。如果某个幼儿的行为完全依靠成人的外部控制，那么当成人在场时，他也许能维持适宜的行为，至少在一段时间内如此；但是当成人不在场时，他就很难控制自己的行为。

另外，自我调节能力可以说是幼儿入学准备的核心素养之一，也是幼儿学习的基础。越来越多的研究表明，自我调节比智商或家庭背景更能预测幼儿的入学准备状况和未来的学业成就。研究还表明，幼儿教师大多认为，相较于认识字母等学业技能，自我调节能力，尤其是控制冲动和听从指示的能力，在幼儿入学准备上更重要。具有良好的自我调节能力的幼儿能更好地与同伴和教师相处，表现出更少的问题行为，经历更少的冲突，面对挑战性学习任务时更具有坚持性。可见，自我调节能力对儿童学业和生活的成功至关重要。

接下来你会惊讶地发现，游戏对幼儿自我调节能力的发展非常重要。我们经常认为游戏是一种自由自发的活动，事实也确实如此。然而，如果不仔细地观察，我们就很难发现游戏中的一些结构性特点。近期研究显示，角色游戏和规则游戏对幼儿自我调节能力的发展是不可或缺的。

角色游戏与自我调节

让我们先来看看角色游戏，它是一种两个或两个以上的幼儿为了共同的目标而互动的假装游戏类型。这种游戏是幼儿期的主导活动，它对幼儿自我调节能力的发展至关重要。在角色游戏中，孩子们往往扮演不同的角色，例如，一个扮演医生，另一个扮演生病的婴儿。这些角色都各有规则需要遵循：婴儿不能给医生量体温，医生也不能用婴儿的奶瓶喝水；婴儿不会说"我要在胳膊上打一针"，他们只会说"哇"。在角色游戏中，孩子们会坚持角色对自己言行的要求，除非他们决定并宣布扮演另外一个新角色。孩子们在游戏前往往会讨论接下来要发生的事情，这是因为他们享受游戏的过程，倾向于在其中主动调节自己的行为，遵守规则，抑制冲动，以便游戏得以持续进行。研究显示，幼儿在角色游戏中表现出的自我调节能力要优于其在现实环境中的表现，而且他们在角色游戏中获得的发展能顺利地迁移到游戏之外。实际上，在教师鼓励幼儿积极参与角色游戏的环境中，幼儿在游戏内外的自我调节能力都会获得长足的进步和发展。

规则游戏与自我调节

规则游戏在幼儿园大班和小学低年龄段的孩子中非常受欢迎。它往往涉及个体或团队之间的竞争，受到长期规则或临时商议的规定的制约。幼儿阶段的规则游戏包括一些简单的桌面游戏，如"飞行棋"[1]"糖果乐园""嘿！樱桃""跳棋""多米诺骨牌"和"宾果游戏"[2]（Bingo）等。规则游戏也包括一些大型的运动游戏，如"冰冻人"[3]（Freeze Tag）、"西蒙说"[4]（Simon Says）、"妈妈，我可以吗"[5]（Mother May I）、"丢手绢"和"接力跑"。

相较于角色游戏，规则游戏与自我调节之间的联系更加明显。因为在规则游戏中，规则是非常明确和外显的。游戏规则一般由成人或知识经验更丰富的同伴教授给幼儿，这需要时间、精力和注意力。与遵守明确的规则相比，学会监控自己的行为对幼儿做好入学准备来说更为重要。

我们知道，规则游戏具有竞争性，这意味着游戏中必然有人输，有人赢。在游戏中学习失败，可以为幼儿在以后的学习中面对挫折和暂时的失败做好准备。同时，规则游戏能培养幼儿的意志力和延迟满足的能力。尽管这次他没有赢，但他以后可能会赢。值得注意的是，我们强调规则游戏的价值，并不是要否定非竞争性的、合作性的游戏。幼儿的许多亲社会行为就可

---

[1] 棋盘上有滑道和梯子的图案，棋子遇梯子往前走，遇滑道则往回走。——译者注
[2] 类似于五子棋，在有 3×3 或 5×5 的格子里画叉连线，最快在横、竖、对角线任意一个方向将三个格子连成一条直线的人喊出"Bingo"，获得胜利。——译者注
[3] 选定 1 个"冰冻人"，被冰冻人接触到的小朋友都会被冻僵（如手臂交叉原地站立），其他还处于自由状态的小朋友可通过接触处于冻僵状态的小朋友使其解冻，冰冻人的目标是将所有小朋友冻僵。——译者注
[4] 选定一个孩子作为西蒙给其他小伙伴发出指令，如果指令前有定语"西蒙说"，那么所有小伙伴都需要执行指令，如果没有，就无须给予反应。——译者注
[5] 妈妈（或扮演妈妈的孩子）背对着孩子们站在 10 米远的地方，孩子们轮流问妈妈自己是否可以用旋转、跳跃等某种动作前进，妈妈回应"是"或"否"，孩子们用相应的动作前进，最先碰到妈妈肩膀的孩子获胜。——译者注

以通过合作性游戏来获得发展。重点是，竞争性的规则游戏在帮助幼儿发展自我调节能力上有其独特的优势。

提供指导，助力幼儿自我调节能力的发展

幼儿教师在发展幼儿的自我调节能力方面具有重要作用。在游戏之外，你可以通过为幼儿提供发展适宜性课程、提出明确的期望与要求、运用指导和管教策略等方式，促进其自我调节能力的发展，使其逐步具备自我管理能力。

作为一种促进幼儿自我调节能力发展的工具和情境，游戏需要教师有意识地引导。许多孩子在进入幼儿园之前，并没有达到预期的自我调节发展水平。事实上，一些研究甚至表明，如今 7 岁孩子总体上表现出的自我调节能力水平几乎与 20 世纪 40 年代 5 岁孩子的水平相当。另外，现今的幼儿缺乏足够的角色游戏经验，这不利于他们自我调节能力的发展。由此，幼儿教师应为幼儿提供充足的游戏时间、空间和材料，同时为其提供有效的支持与指导，鼓励其积极参与角色游戏，进而提升其自我调节能力。教师的作用不应局限于提供游戏机会和场景，更要为缺乏相关经验的幼儿提供适时的帮助和指导。

尽管校外的游戏也能为幼儿提供学习和锻炼自我调节能力的机会，但这些机会存在着极大的差异。正如埃琳娜·博德罗瓦和德博拉·梁（Elena Bodrova & Deborah Leong）在《心智工具：维果茨基学派的学前教育》（*Tools of the Mind: The Vygotskian Approach to Early Childhood Education*）一书中指出的那样："游戏曾经是孩子们在家里学会的技能，他们入学后便把这些技能带进教室。以往，孩子们经常在社区进行混龄游戏，其年龄从 3 岁到 10 岁不等，甚至更大一点的孩子也会加入。现在，孩子们不像过去那样玩了，这真是悲哀！"如果孩子们没有通过邻里间的游戏学会自我调节，那么

在幼儿园加强此方面的学习与锻炼就显得更为重要。

接下来的问题是，如何进行游戏指导？在本书的第 3 章，我们为大家提供了若干实例，用以说明你在计划、引导和跟进幼儿的游戏中可能扮演的角色。角色游戏允许幼儿扮演不同的角色，按照角色要求展开游戏，共同创建假想的情境，并谈论这些情境和他们各自的角色。以下内容提供了一些幼儿园的实践示例。根据全美幼教协会关于发展适宜性实践的要求和博德罗瓦等人的研究，我们发现，高质量的角色游戏中的幼儿往往有以下表现：

- 创造和表演假装的情景
- 制作适合角色的道具
- 扮演具有不同特征和行为规则的、丰富多样的角色
- 参与有关游戏内容、主体和过程的讨论
- 协调多个角色和主题
- 参与有关角色、行为和道具的进一步讨论
- 解决争议和分歧
- 沉浸在游戏中，以使游戏持续两天或更多天

游戏前：作为计划者

在游戏开始之前，你可以使用以下策略，促使较为成熟的角色游戏出现。

- **提供简单的服饰道具，帮助孩子们确定自己的角色**。没必要为某个特定的角色提供全套服饰。幼儿可以充分发挥自己的创造力和想象力，实现假装转换，例如把一条丝巾假装成长发、披肩或尾巴。
- **提供道具，包括真实、灵活的材料**。对正在发展假装能力的孩子来说，使用小茶壶等真实物品可以帮助他们记住游戏场景，并减少他们交流茶壶的特性和功用的大量需求。另一方面，为孩子们提供小块泡沫塑料等灵活的道具，鼓励他们将其想象为手机或剃须刀，有助于促进他们想象力和社会交往能力的发展。

- 提供一些激发物，如一本书、一个主题单元或一次实地考察。例如，想象一下，你目前所在班级有一个西饼店，里面有相关道具和服饰。为了鼓励幼儿积极扮演，你可以与他们一起阅读有关烘焙的书，有意识地向他们介绍西饼店里的角色及其行为，以及人们在西饼店可能谈论的话语。你还可以进一步启发孩子们，建议他们假装成他们想要成为的某些人并假装一些行为。
- **提供提示物**。在角色游戏区的墙面上，你可以粘贴各种角色或操作流程的图片，如厨师、收银员、蛋糕裱花师或擀面、收银、设计蛋糕图案的动作等。有了这些提示物作为支撑，孩子们可能会选择将它们付诸实践，或者由此出发构思自己的游戏。
- **在游戏开始前添加一个简短的计划时间**。为了帮助孩子们明确自己的游戏意图、做出选择、制订计划，你可以组织他们和那些已经玩过的孩子坐在一起，说说他们想玩什么、想做什么、想扮演谁。鼓励他们互相倾听，解决矛盾和冲突。
- **提供充足的游戏时间**。为了促进幼儿自我调节能力的发展，鼓励孩子们积极参与复杂、高质量的角色游戏，教师应保证幼儿有40~60分钟的连续游戏时间。

游戏中：作为引导者

考虑一下，你可以使用哪些策略提高幼儿玩角色游戏的水平，或防止此类游戏遭到破坏？游戏中，你所承担的重要角色之一就是观察者。通过仔细观察幼儿在游戏中的行为，你可以评估其可能需要的帮助，在此基础上为其提供适时适当的支持。观察幼儿的游戏，对幼儿而言，就是一种"支持性在场"。因为有时候，幼儿只需要知道成人在关注自己，可以随时提供支持，他们就能在游戏中放松下来，积极投入其中。

应该说，提出建议是支持幼儿游戏的一种重要方式。你可以直接提出口头建议，例如，当幼儿在加入角色游戏的过程中存在困难时，你可以说：

"也许你们商店需要另一位客人。"你也可以通过在游戏场景中添加道具来提出间接建议,如"我找到一块布料,也许你们可以在营地里用"。描述你所看到的事件也是一种提出建议的方法,例如,你可以说:"我看到西点房有很多蛋糕,我在想,西点房里除了蛋糕,还能做些什么?"这一建议也许能鼓励孩子们在游戏中想出新点子。所以,一个简单的评论就足以引发幼儿更深入的思考和游戏。

你可以鼓励那些游戏经验丰富的幼儿为游戏经验不太丰富的幼儿提供支持和帮助,例如,"苏茜,你能帮助马莉娅看看她在马戏团里能做些什么吗?也许你可以跟她一起看看马戏团里有哪些人,她想扮演谁。"

另一种指导幼儿深入角色游戏的方法,就是让他们观察你贴在墙面上的图示,"我们一起来瞧瞧人们在发廊里会干些什么。"

有时,你可能需要介入幼儿的游戏,向他们示范解决问题的方法或新行为,"厨房里堆满了干净的盘子,我是厨房的员工,我要把它们放回橱柜里"或"王后不让我们参加魔法森林的舞会,我想我得找点其他的事情做"。

值得牢记的是,你不应该指挥或控制幼儿的角色游戏。如果你这样做了,那么游戏就很可能不再是游戏,它潜在的价值也就很难实现。另外,如果你过于卷入游戏,你花费在观察、分析、评估以及支持幼儿开展游戏的时间就会相应地减少。无论采用什么样的方式支持幼儿的游戏,你都要注意适时撤出,让幼儿继续主导自己的游戏。

游戏后:作为反思的促进者

游戏后,你应该采取行动,最大限度地挖掘游戏的价值,使游戏持续到当天晚些时候或第二天。

你可以让幼儿回想游戏前的计划,描述他们在游戏中的实际行为。请记住,这样做的目的不是评估幼儿是否按照计划行事,更重要的是,我们希望幼儿意识到自己才是游戏的决策者。另外,你还可以问问他们游戏中最喜欢和最不喜欢做的事情,以及他们打算如何推进自己的游戏。

结合墙面上的图示,你可以问幼儿:"你做了和墙上图示一样的事情吗？如果是，你做的是什么？"如果没有，你可以继续追问"你做了哪些和墙上图示不一样的事情？"同时，你还可以鼓励幼儿思考未来可能进行的游戏，"你打算下次去角色区（西点店或杂货店）玩什么？"

明确自我调节能力发展的目标

为了促进自我调节能力的提升，幼儿需要发展以下技能：

- 控制冲动
- 抵制诱惑
- 延迟满足
- 行为积极
- 应对来自同伴的压力
- 监控自己的行为
- 做出选择和决定
- 制订计划
- 坚持完成任务
- 有意注意
- 集中注意力
- 意识到自己的思维过程
- 遵循简单的规则、常规和指示
- 在任务间转移注意
- 顺利过渡

这些技能有助于幼儿逐步提高自我管理能力，他们将逐渐不再依靠他人提供的外部支持和调控。

通过不同类型的游戏促进自我调节能力发展

游戏是促进幼儿自我调节能力发展的重要途径。接下来，我们会看到一个角色游戏案例。在这个游戏中，教师帮助幼儿做出选择、制订计划，鼓励他们坚持自己的角色。

> 📝 观察与学习

超 市 游 戏

在坎托斯基老师的班里,孩子们正在开展"食物"主题单元活动。这是活动的第二周。角色区被布置成超市。这里有一些干净的、贴着标签的空食品罐、空食品盒以及其他各种各样的空瓶子、纸盒。超市里还配有一台收银机、假币、购物袋、钱包和两个可以用作购物车的娃娃推车。

圆圈时间结束后是自由游戏时间。游戏前,坎托斯基老师向孩子们介绍了班级现有的活动区和每个区角里可供他们选择的游戏。在介绍超市的时候,他提醒孩子们注意里面的游戏材料,想一想他们可以扮演的角色:购物者、购物者的孩子、收银员、搬运工、储物员、西点房员工、熟食店员工等。

孩子们选择自己喜欢的区角,坎托斯基老师等了大约5分钟。他让孩子们有时间讨论并安排游戏。接着,他先去"超市",那里现在有五个孩子。他观察了一会儿,然后问孩子们:"今天,这里会发生什么?"

孩子们回答说"买东西""我要卖东西""我要买西红柿,做晚餐"。

坎托斯基老师接着问每一个孩子:"你今天要扮演谁?"每个人都做了回答,只有贾内尔耸了耸肩。坎托斯基老师问道:"嗯……我想知道贾内尔扮演谁。"贾森认为她可能在找猫粮,贾内尔热情地点头表示同意。坎托斯基老师认为,贾内尔可能需要帮助,才能知道在哪里买猫粮以及买哪种猫粮。这时,贾森急切地向贾内尔提出了他的建议。

在上面的案例中,坎托斯基老师通过给孩子们留出短暂的游戏计划时间、跟进他们的游戏等方式帮助幼儿自主做出决定、制订游戏计划。在帮助孩子们抑制冲动方面,他的作用既不明显,又不直接。他通过创设与主题相关的游戏环境,鼓励孩子们持续参与角色游戏,以培养他们的角色意识。随着游戏的进行,他没有直接提醒孩子们注意他们最初选择扮演的角色,而是以一种间接的方式鼓励幼儿思考角色选择与游戏持续开展之间的关系。例如,他问贾森:"贾森,如果你不当收银员,而去扮演小宝宝,那么谁来收顾客的钱呢?"这可能引发孩子们张贴招聘广告招募新的收银员。总之,坎托斯基老师更希望把问题留给孩子们,让他们尝试自行解决由于收银员变为小宝宝而产生的问题。

游戏还可以帮助幼儿理解规则及其重要性。在下面的案例中,教师帮助幼儿学习游戏规则,理解规则如何使游戏变得更加有趣味。幼儿则得以在其中习得延迟满足、抵制诱惑和遵守简单的规则。

 观察与学习

桌 面 游 戏

凯莉老师的班级里设置了一个桌面游戏区。这个区里有各种各样的游戏材料,孩子们可以选择轮流进行游戏。这周,凯莉老师往其中添加了多米诺骨牌,这个游戏材料已经很久没有出现在这个区了。

每张多米诺骨牌被分隔线分成两半,在分隔线的两端各有一张图片。孩子们不熟悉这个游戏,所以凯莉老师在圆圈时间结束时用了几分钟的时间介绍规则:把所有的牌面朝下,最初给每个孩子分发七张牌,把它们置于自己的牌架上,不要让其他同伴看到自己的牌。第一个游戏者把一张多米诺骨牌正面朝上放在桌子中央。例如,这张牌分隔线两端的图案分别是猫和苹果。下一个

> 游戏者则要看看自己的多米诺骨牌中是否有一张牌上有猫或者苹果。如果有，他就把两个相同的图案连接在一起；如果没有，他需要丢掉手中的一张牌，然后从牌堆中摸一张牌放到自己的牌架上。
>
> 凯莉老师用"我做，我们做，你做"的策略教孩子们掌握游戏规则。首先，她和一名自愿参与游戏的孩子一起玩了几轮。然后，她让与自己一起游戏的孩子作为发起者，选择另一个伙伴一起游戏。其他孩子观摩这两个孩子游戏。观摩后，孩子们自行游戏，当孩子们忘记游戏规则，需要提醒时，凯莉老师会再次使用这个策略。
>
> 孩子们一旦学会独立游戏，之后就有可能"偷看"作假或放弃游戏。但游戏本身所带来的乐趣会成为孩子延迟满足、抵制"偷看"的重要动机。同伴的反应，如"嘿！不准偷看！"或凯莉老师的介入"如果你不偷看，游戏就会更好玩"，同样有助于孩子们抵制诱惑和遵守规则。

制订游戏计划：促进自我调节能力发展

自由游戏的计划

游戏前：作为计划者

想象一下，你班里的两个孩子最近和家人一起去露营。这一经历让他们自发产生了"露营"的主题游戏。你注意到这两个孩子对游戏场地上其他孩子的活动特别感兴趣。那些孩子把户外游戏屋当成帐篷，他们收集了大小不一的木棍和树枝来生火。游戏已经持续了两天，孩子们的热情依然不减。

目标

你决定把握这个新的兴趣生发点,鼓励孩子们积极参与角色游戏。角色游戏是促进幼儿自我调节和控制冲动能力发展的重要途径,你打算在此类游戏中鼓励幼儿积极参与。

回顾一下角色游戏的特点,在你支持幼儿进行角色游戏时,可以考虑以下目标或行为,如"制作适合特定角色的道具""协调多个角色和主题之间的关系"或者"鼓励幼儿积极参与,以便游戏得以持续进行"。

背景与时间

孩子们正热衷于在户外游戏场地玩这个游戏,所以你决定继续鼓励他们玩下去。

准备与材料

为了鼓励孩子们在"露营"主题游戏中创新玩法,生成新的可能,你决定添置一些简单的游戏材料,包括那些真实的和可灵活变化的物品。于是,你要发动家长,从他们那里借来几个废旧的手电筒、灯笼、小背包、篝火炊具和一些旧毯子。为了让更多的孩子对"露营"主题游戏感兴趣,你还要计划用绳子和旧毯子做一个简易的帐篷:把绳子系在树间,毯子挂在上面或者盖在野餐桌上。

启发策略

一位同事向你推荐了凯文·亨克斯(Kevin Henkes)的儿童读物《贝利去野营》(*Bailey Goes Camping*)。故事讲述了一个叫贝利的孩子,因为年纪太小,他不能跟着哥哥姐姐参加童子军露营旅行,于是在家里玩起了露营游戏。你认为这本书向孩子们说明了露营主题游戏的基本内容和典型活动,打算在故事时间讲给孩子们听。

游戏中:作为引导者

请记得,你的首要目标是支持幼儿积极参与角色游戏,促进其自我调节能力的发展,你需要提供各种各样的支持策略。事先考虑以下这些策略,你就能在机会出现时适时地使用它们。

- **复述**：当孩子们对游戏应如何发展陷入争论时，你可以将他们的观点解释给对方，如"乔纳森，萨姆觉得你们可以一起去找柴火。你的想法是什么，你可以和萨姆说一说"。
- **提问**：一个孩子看到另一个孩子把假想的电视机插到树上，他不太高兴，因为这与他想象中的露营不符。这时，你可以问："萨哈尔，你认为人们会带电视机去露营吗？他们为什么要这样呢？"
- **示范**：孩子们在篝火旁做完晚饭后，似乎就没有什么事情可做了。这时你可以短暂地介入，示范烤棉花糖或围着篝火唱歌。当孩子们开始自己的游戏或决定不跟随你的示范时，你就可以退出孩子们的游戏。

在幼儿发起的自由游戏中，教师的参与可能是最小的。我们需要认识到，教师参与的目的是鼓励和支持幼儿开展角色游戏，为其自我调节能力的发展提供机会。而这种支持和鼓励只有在幼儿真正需要的时候，才能提供。通过密切观察幼儿游戏状况并牢记教育目标和自身潜在的角色，你可以明智地决定如何支架幼儿。

游戏后：作为反思的促进者

记录

拍摄幼儿游戏的照片，并在点心时间与他们分享交流，以此鼓励幼儿讨论游戏可能的新玩法或游戏发展的新方向，将其与其他广受幼儿欢迎的户外活动相结合，例如，孩子们决定明天"远行去镇上"（实际上是走到沙箱旁）买"三明治"。

反思与表征

你可以鼓励孩子们创作一本关于露营的书。每个想要参与创作的孩子都可以画一幅画来展现露营的某些方面。绘画完成后，孩子们可以说一说自己的想法，你可以把孩子们的话语记录在图画的反面。用细绳或金属环把每页图画压紧并装订在一起，这样你就有了一本书。之后，孩子们可以根据这本书重温自己的"露营"游戏经历。你可以把它放在班级的阅读角里。

引导性游戏的计划

游戏前：作为计划者

假设你正在教一群 2.5~3 岁的孩子。这个年龄段的孩子有一个重要的发展任务，就是学习身体方面的自我调节。为此，你决定和孩子们玩一个练习身体静止和启动的有趣游戏。你选择的是"定格游戏"[1]（Freeze Dance），它要求游戏者在音乐响起时舞动身体，在音乐停止时停止舞动。

目标

通过这个游戏，孩子们将有机会在以下几个方面获得锻炼和发展：调控自己的行为，有意注意，控制冲动，遵循简单的规则和指示。

背景与时间

在综合考虑各种因素后，你决定在户外活动和午餐之间的"地毯时间"向孩子们介绍这个游戏。之所以选择这个时间，部分原因是它可以作为高强度活动和安静活动之间的过渡：玩完"定格游戏"之后，你可以和孩子们唱一首安静的歌，让他们依序洗手、吃午餐。

准备与材料

准备一首孩子们最喜欢的乐曲。

启发策略

在介绍这一游戏时，你可以向孩子们提出挑战，例如，"小朋友们，在下一个游戏里，你们要向我展示如何控制自己的身体：音乐起时，大家可以晃动自己的身体；音乐停时，就要停止晃动。学会控制身体表明我们长大了"。

游戏中：作为引导者

你最初可以用"我做，我们做，你做"这一方法教会孩子们玩这个游

---

[1] 一种类似于木头人的游戏。——译者注

戏。孩子们先坐下来仔细观察你如何根据歌曲的节奏跳舞和停止。接下来，邀请孩子们站起来和你一起游戏。最后，你可以坐下来看孩子们自己玩。

孩子们在熟悉游戏规则的过程中，你可以使用描述性语言鼓励他们开展游戏，例如"看，艾莎定住了""萨沙，你这次真的成功地把自己定住了""我发现你非常认真地在听'静止'的信号""有时定住自己会很难，我们坚持一下"等。

对"定格"信号反应有困难的孩子，你可以在信号发出之前增加一个额外的提示，例如，轻拍他的肩膀，提醒他信号来了。

行动受限、有特殊需要的幼儿，如坐轮椅的孩子，或者需要支撑垫才能坐在地上的孩子，也可以参加此类游戏。除了鼓励他们坐着参与游戏之外，你还可以改变游戏规则，让全班幼儿参与一个坐着的定格游戏。在这个新游戏中，每个人都只能晃动自己的上半身。

随着孩子们对游戏越来越熟悉，你也可以尝试增加一些挑战性。例如，用新的音乐代替幼儿已经熟知的音乐。当你停止播放音乐时，大声喊"定格"会让游戏变得更简单。单纯凭借音乐的停止判断信号更具有挑战性。另外，不规律的暂停间隔、逐渐移除额外的线索和支持也会增加游戏的挑战性。

游戏后：作为反思的促进者

记录

你需要对孩子们在游戏中的表现进行记录，尤其是那些难以让自己很好地停下来的幼儿。可以通过使用更慢节奏的音乐，为他们的发展提供机会。

反思与表征

你可以让孩子们想一想他们在游戏中学会了哪些让自己停下来的技巧，鼓励他们用语言进行描述。

问问自己以下这些反思性问题：

- 孩子们对我提出的问题有何反应？他们说了什么？做了什么？

- 我用了哪些支持策略？孩子们对我的支持策略有何反应？他们说了什么？做了什么？
- 哪些证据可以表明孩子们正在朝着我制定的目标和方向前进？
- 如果我再次执行这个计划或类似的计划，我会有什么不同的做法？
- 为了帮助孩子们进一步朝着目标前进，我下一步该做什么？

制订你的游戏计划

请使用下面的模板。从一两个自我调节能力发展目标开始，你可以从本章列举的目标、你所在州的早期学习标准或你所在项目的课程中找到它们。根据你对班级幼儿及其兴趣、能力、偏好的游戏内容等方面的了解，制订一个游戏计划，助力幼儿朝着最初拟定的目标前进。如果你想鼓励幼儿进行不同种类的游戏活动，可以参考本书第 2 章的内容；如果你想了解在游戏中可以使用的支持性策略，可以参考本书第 3 章的内容。

游戏前

目标

_____

_____

背景与时间

_____

_____

准备与材料

_____

_____

启发策略

_____

_____

游戏中

可能的支持策略

_____

_____

游戏后
记录

_____

_____

反思与表征

_____

_____

第 6 章

促进早期数学学习

有些人认为幼儿太小，还没有做好准备学习数学。他们常常有这样的疑惑："难道我们不应该等孩子稍大一些，再让他们学习数学吗？"实际上，我们根本不需要向孩子们介绍数学，他们很早就在和数学打交道了。数学，作为我们生活中不可或缺的一部分，无处不在。例如，婴儿注意到自己的毯子边缘装饰着有规律的绣花图案：小狗、鸭子、球、小狗、鸭子、球、小狗、鸭子、球。每天他躺在床上，抱着毯子时，都接触这种重复的模式。模式识别是理解代数的基础，同时它对幼儿的数感和空间感的发展具有重要的促进作用。

记得我儿子蹒跚学步的时候，他常常将玩具和几个他心爱的奶嘴散落在地毯上。他会主动在房间里摇摇晃晃地捡起奶嘴（只有奶嘴），并把它们放在一个桶里。这种区分奶嘴和其他"非奶嘴"的能力是分类的基础。虽然其认知能力处在基本直觉行动水平，但它确实是存在的。

幼儿很小就能注意到身边的数字、模式和集合。孩子们玩球时，即使还不知道"大""小"这两个词汇，他们也能注意到某个球比另一个球大。在学会数数并用词语表示"多少"之前，他们就能够发现装着 5 颗巧克力豆的碗里的糖果比另一个装有 100 颗巧克力豆的碗里的糖果要少。

早期数学学习的重要性

仔细思考以下论断。

- 幼儿对日常生活中的数学现象和问题表现出极大的兴趣。事实上,赫伯特·金斯伯格和徐景惠(Herbert Ginsburg & Kyoung-Hye Seo)在一项关于幼儿自由游戏的研究中明确提出:在若干个15分钟的游戏观察片段中,几乎有一半的游戏包含数学学习的内容。由此可见,幼儿的游戏经常涉及数学。
- 数学学习是一个循序渐进的过程。在掌握基础知识之前,真正理解更复杂的概念几乎是不可能的,或者说是十分困难的。
- 长期以来的国际研究表明,美国儿童的数学成绩落后于其他国家。应该说,缺乏对数学的扎实理解,会限制儿童日常生活和未来工作的多种可能。

幼儿对数学学习充满兴趣。他们后续的数学学习以幼儿阶段可习得的基本概念为基础,这一阶段的数学学习极大地影响着幼儿的未来生活。因此,支持幼儿的数学学习至关重要。

在游戏中发展幼儿的数学理解能力

美国数学教师委员会(National Council of Teachers of Mathematics,NCTM)和全美幼教协会在关于儿童早期数学学习的联合声明中明确提出"应为幼儿提供充足的时间、材料和教师支持,以便其参与游戏。在游戏中,幼儿以强烈的兴趣探索和掌握数学思想"。与此同时,这些组织也强调,虽然自由游戏为幼儿的数学学习提供了重要机会,但仅有这些还远远不够。一个有效的学前教育项目需要为幼儿提供更具计划性的学习活动,以帮助其逐步建立对数学的理解。有效的学前儿童数学教育应该包括自由游戏、引导性游戏以及精心安排、具有发展适宜性的数学课程。美国数学教师委员会和全美幼教协会在联合声明中尤其强调，我们需要"摆脱零散的、无计划性的数学教育。有效的教学需要教师灵活地运用各种方法、策略和材料，激发幼儿的数学学习兴趣，支持其数学能力的发展"。

虽然完整的数学课程超出了本书所研究的范围，但自由游戏和引导性游戏都为幼儿数学能力的发展做出了重要贡献。自由游戏一方面为幼儿提供了实践和应用所学数学知识的机会；另一方面为他们创造了在游戏中"偶遇"数学的机会。引导性游戏可以增加幼儿接触重要数学概念的可能性。在游戏中，孩子们探索并理解世界——一个充满数学的世界！

教师有意识的支持

实际上，前面所介绍的各类教师角色都有益于引导和支持幼儿通过游戏进行数学学习。以下角色对幼儿数学学习尤为重要。本部分提供了大量有关游戏情境和计划的案例。

游戏前：作为计划者

意识到并理解早期数学学习目标非常重要。理解目标是规划和实施数学学习活动的基础。大多数人认为，作为成人，我们都知道并理解幼儿阶段数学的基本概念，但即便真的了解，教师也有必要通过持续的额外阅读来更新自己的知识。本章后面"明确数学学习的目标"一节列出了部分早期数学学习的核心目标及相关资源。如果你担心纯粹的数学概念过于抽象，那么更新自己对早期数学学习的认知可能会让你感觉好一些。你应该认识到，基础数学学习可以是而且应该是有趣的、快乐的。掌握幼儿数学学习的相关知识，有利于你确定游戏目标，提前规划需要提供的材料、支持和帮助。

目前市面上有很多用以支持幼儿进行数学游戏的材料，教师可以事先准备一些。成套的单元积木是幼儿数学学习的重要游戏材料。大多数幼儿园都配备了此类积木，适当增加此类积木套装是值得提倡的。除了单元积木，托幼机构还应通过购买、制作或收集等方式为幼儿提供若干用于计数、分类和排序的操作类材料，例如，大小颜色各异的瓶盖、结实的方形纸片，以及一元店里售卖的裁剪过的多彩吸管段等，这些都是经济实惠的选择。

其他作为计划者的角色将在本章稍后提供的示例中进行具体说明。

游戏中：作为引导者

自由游戏和引导性游戏对幼儿的数学学习都非常重要，仅有其中的一个是远远不够的。这一点在数学游戏中表现得十分明显。虽然自由游戏为幼儿提供了许多练习、应用和发现重要数学概念的机会，但我们不能仅仅依靠幼儿实际上能做好这些事情以获得最大收益的可能性。引导性游戏通过将数学学习的可能性纳入游戏中，可以大大增加幼儿学习数学的机会。

在引导性游戏中，你可以带着特定的目标发起游戏，然后慢慢引导游戏朝着目标发展。一旦幼儿认同并热情地参与到游戏中，你就要做好随时为他们提供支持的准备。当然，幼儿完全有可能不按照你预先设定的目标进行游戏，这也没关系。如果你坚持按原计划推进，这个活动很有可能就不是游戏了。你可以稍后再试，或者在更具结构化的活动中提供类似的引导。请你牢记，虽然自由游戏和引导性游戏对幼儿来说是非常重要的学习情境，但在高质量的学前教育中游戏并不是唯一有益的活动。

在幼儿的数学游戏活动中，你有一项很重要的任务，就是提供数学词汇。你在游戏中为幼儿交流、思考数学概念提供所需词汇，帮助幼儿实现从直观的数学知识向数学概念的转化。你可以在游戏中通过示范、解释、描述等策略，向幼儿提供和教授类似"大""小""多""少""一样""不一样""相等""方形""圆形""模式""上面""下面""更长""更短""集合"和"序列"等重要词汇。

提问是另一种支持幼儿在游戏中掌握数学词汇的重要方法。你既可以问基本信息类的问题，如"有两个还是三个三角形，有多少辆车"，也可以问更具启发性的问题，如"你怎么知道蓝色的车比红色的车多""你跟塔拉说说，你是怎么分出这些组的"。值得注意的是，教师切忌"用问题淹没幼儿"。在游戏中，教师提出一两个深思熟虑的问题，确实有利于促进幼儿的思考，但过多的问题往往会打断幼儿的游戏进程，使其失去活动兴趣，产生应试的感觉。

当幼儿参与自己选择的游戏时，教师要避免把当前本来与数学无关的游戏变成一堂数学课。例如，当一个幼儿对假想情景感兴趣时，让他数城堡里的积木，这对他的游戏来说并不重要，而且具有干扰性。这是利用幼儿的游戏来达到你自己的目的的典型案例。相反，如果幼儿目前的游戏本身就包含数学元素，例如，幼儿正根据置物架上的形状轮廓放置对应的积木，那么幼儿的游戏就有了一个数学学习的焦点，这时你对形状匹配的评论就比较合适，不会干扰幼儿的游戏。

游戏后：作为反思的促进者

幼儿不仅在游戏中有多种机会使用数学概念，游戏后的反思对促进幼儿数学能力的发展也非常重要。美国数学教师委员会和全美幼教协会联合发布的《儿童早期数学：促进良好的开端》(*Early Childhood Mathematics: Promoting Good Beginnings*)强调："当幼儿反思、以不同的方式表征经验和直觉想法，并将其与其他概念进行联系时，它们才有可能转化为真正的数学概念。"

这些反思很容易融入日常的学习中。例如，在区域活动之后，你可以要求那些复制模式的幼儿说一说或画一画他们创造的模式；如果某个幼儿创造了一种红—蓝—紫的纽扣排列模式，那么你可以问问他是怎么知道什么时候应该放红色纽扣的；也可以让那些在数学操作桌上将每9个物品摆成一堆的孩子说一说他们是如何确保每堆都有9个物品的。

明确数学学习的目标

基于美国数学教师委员会、儿童和家庭管理局（Administration for Children and Families）和玛乔丽·科斯泰尼克及其同事的研究，儿童早期数学学习的重要目标包括以下内容。

- 数概念和数运算
  - 理解并识别出一组物体数量的"多少"
  - 连接数量及其名称和书写的数字
  - 运用系列化策略比较两组物体的数量，并用"多""少""更多""更少""同样多"等词汇进行表达
  - 认识到可以通过对数字或物体集合进行组合或拆分，形成新的数字或物体集合

- 模式
  - 根据大小、数量和其他属性对物体进行筛选、分类和排序
  - 识别、描述并扩展由声音、形状或简单数字等构成的模式

- 几何
  - 对二维和三维图形进行识别、命名、构建、绘制、比较和排序
  - 合并、拆分，以形成新的图形
  - 描述空间关系，如上面、下面、里面、外面、前面和后面

- 测量和比较
  - 依据长度、重量和大小等属性对物体进行比较与排序，使用"更大""更长""更高""更重"等词汇
  - 使用非标准和标准方法及工具进行测量和比较

通过不同类型的游戏促进幼儿理解数学

以下几个案例说明，在不同的情境下，各类游戏是如何鼓励幼儿探索数学概念并发展数学能力的。

我们首先看到的是一个引导性游戏。在这个游戏中，幼儿尝试通过操作来学习分类等数学概念。

观察与学习

在引导性游戏中对纽扣进行筛选和分类

德尔加多老师把四个孩子叫到放有许多纽扣的桌子前。纽扣的颜色（蓝、红、黄）、大小（小、中、大）、孔数（一、二、三）都各不相同。她尝试将孩子们的注意力吸引到这些纽扣上："看，这些纽扣有三种不同的颜色，是哪三种呢？"孩子们回答后，她接着问道："它们还有什么不同呢？"

玛丽萨说："有些很大。"卢卡补充道："有些有两个孔，有些有三个孔。"

恩淑说："有些只有一个孔。"

德尔加多老师让孩子们两两组队。她给每对孩子一盒纽扣，并用屏风把桌子隔开，这样每对孩子都看不到其他孩子的活动。她给孩子们提出了一个要求："和你的伙伴一起，看看能不能把这些纽扣分一下，将相似的放在一起。"

孩子们整理完大部分的纽扣后，德尔加多老师说："我们打开屏风，看看你们做得怎么样。太棒了，你们都找到了分纽扣的方法。让我们先来看看恩淑和佳亚是怎么分的。恩淑、佳亚，你们能告诉大家为什么要把这些纽扣放在一起吗？"德尔加多老师对每对孩子的纽扣堆都重复提问。在这个过程中,她没有指出或纠正任何不一致的地方,但如果有孩子注意到不一致的地方,她就会让他们互相解释自己的想法。

接下来,德尔加多老师来到玛丽萨和卢卡身边,说:"我发现,你们也给纽扣找到了分类方法,而且和恩淑、佳亚的分类不一样。你们能跟大家说说为什么要把这些纽扣放在一起吗?"她鼓励孩子们互相倾听对方的想法。在听完玛丽萨和卢卡的解释之后,德尔加多老师再次向孩子们发出挑战:"谁还有不一样的分类方法?"如果孩子们被难住了,她就会给出示范:"如果我们把所有三孔的纽扣放在一起,会怎么样?"德尔加多老师继续鼓励孩子们数一数每一堆纽扣的数量。进行了三次分类后,她仍热情地鼓励孩子们尝试用其他方式进行分类,并告诉孩子们,她会在几分钟后回来看大家的成果。

在这个案例中,德尔加多老师通过发起游戏,鼓励幼儿思考纽扣分类的多种可能性。在引导幼儿明确游戏的玩法后,她又把游戏的权利还给了幼儿,让他们以自己的方式去玩。

在下面这个引导性游戏案例中,我们会发现教师如何鼓励幼儿使用非标准的测量单位来确定庭院中单块水泥方砖的长度。

 观察与学习

在引导性游戏中进行测量和比较

帕特尔老师拿来几个小金属桶,里面装有大量的硬币(你也可以使用其他小而均匀的物体,它们有足够的重量和稳定性,不会轻易散落)。她告诉孩子们,她特别想知道,如果用硬币来测量,那么每块水泥方砖的长度需要多少枚硬币?另外,每块水泥方砖需要的硬币数量都一样吗?"你们能弄清楚吗?"她问孩子们。

孩子们迫不及待地开始测量。有些两两成对,有些独自探索,有些小组讨论。帕特尔老师密切地关注孩子们的活动状况,没有介入和干预。过了一会儿,她对孩子们说:"你们量完方砖后,告诉我有多长,你用了多少枚硬币。"当孩子们完成测量并向她报告时,她给孩子们提供选择的机会,由孩子们自己或者由她用粉笔在硬币旁写下相应的数字。

所有人都完成后,她指出,测量结果有的相同,有的不同(因为水泥方砖的尺寸都是统一的,所以出现不用的测量结果就会变得非常有趣)。她问孩子们:"你们觉得是怎么回事?"如果孩子们注意到这种不同,帕特尔老师就会继续追问他们是怎么数硬币的。如果孩子们没注意到,她就会建议他们重新数一数,确保每枚硬币首尾相连。游戏最后,帕特尔老师还鼓励那些对此感兴趣的孩子继续探究,看看两块方砖需要多少枚硬币?她甚至提及,下午在区角活动时间,如果孩子们愿意,他们就可以去量一量数学操作桌和教室的其他物体。"明天,"她补充道,"我们还可以一起看看,如果用硬币测量我们每个小朋友的身高,那么需要多少枚硬币?"

为了使这类活动适用于因身体伤疾而导致运动困难的幼儿,教师可以提供更易拿放的物体,如跳棋等。如果幼儿不能独立坐立,那么教师可以提供坐垫,方便幼儿在地面上参与游戏;或者提供一个和水泥方砖一样大小的纸板,将其放在幼儿的轮椅托盘上,方便其操作。

以下案例是一个独自的假装游戏,在这个游戏中,一个幼儿独自玩涉及数学学习的游戏。

 观察与学习

与数概念和数运算相关的自由游戏

夏洛特正在沙坑里做纸杯生日蛋糕。她在每个纸杯里都装满了湿沙,并小心翼翼地把它们压实。"这是送给朋友们的纸杯蛋糕",她轻声对自己说着,一共有12个纸杯蛋糕。数完纸杯蛋糕,她从身边的桶里拿出一些橡子,在每个纸杯蛋糕的中间放了一颗。每放置一颗橡子,她就会说:"给你一个巧克力吻。"接下来,她把几根树枝折成小棍,在每个纸杯蛋糕上插上三根小棍,并通过点数"一、二、三"来检查自己的成果。数到第12块蛋糕的时候,她注意到自己只放了两根小棍,惊叫了一声:"哎呀!"她又找来一根小棍,把它插进最后一个纸杯蛋糕,说:"三!"

在这个假装游戏中,夏洛特正在练习有意义地点数。她将点数运用到有目的的、对她而言快乐的活动中。她展示了自己对有意义地点数的理解。相较于其他情境,幼儿更能通过游戏准确地表达他们对世界的认识和理解。如果这个时候夏洛特的老师在旁边,那么她也许能获得有关夏洛特认知发展的一些重要信息。

制订游戏计划：促进数学学习

引导性游戏的计划

游戏前：作为计划者

想象这样一个场景：你在数学区收集了很多用于分类和练习排序的材料。孩子们知道，当他们自主选择或被要求参与数学区的活动时，他们需要选择材料，等待你的指令。在数学区，他们可以独自操作材料，也可以两两成对或小组合作。

目标

该特定区域每天的基本目标都大体相同，即为发展幼儿的数学能力提供持续的机会和可能。这些数学能力涉及：分类；根据大小、数量和其他属性给物体排序；识别、描述并扩展由声音、形状或简单数字等构成的模式。

背景与时间

假设你所在班级的上午作息安排中包括一个 45 分钟的轮换活动。在这个活动中，孩子们每隔 15 分钟就在三种活动中进行轮换。这三种活动分别是：数学区活动、有指导的小组活动和自由活动。其中，教师既可以有针对性地指导幼儿开展小组活动，又可以指导其数学学习。当然，这种轮换活动不能代替幼儿自由选择的区角活动。自由选择的区角活动，相较于轮换活动，需要更长的时间。数学区中要有足够大的地毯空间，这一空间要紧挨低矮的置物架，将装满材料的塑料盆放在置物架上。

准备与材料

每天数学区都应该至少提供 10 种不同的材料供幼儿选择。每种材料应放在透明的塑料盆中，方便幼儿轻松地找到他们需要的材料。你可以在数学区提供如下材料：

- 不同大小和颜色的绒球
- 各种尺寸的金属垫圈
- 魔法方块（Unifix）
- 各类小恐龙模型
- 各种表面光滑的石子
- 各类珠子

- 农场动物模型
- 各类汽车模型
- 约 5 厘米长的各类印花布样
- 未去壳的各类坚果*

*遵守你所在的机构关于坚果的规定，如果孩子对坚果过敏，那么请勿使用。

如果孩子们愿意，他们也可以在托盘上进行操作。注意定期更换材料，以保持新鲜感和趣味性。

启发策略

在数学区开展活动之前，你可以为孩子们提供一个模式示例。例如，你可以用音乐作为媒介：在小木琴上重复敲击三个音符三次，让孩子们仔细听。接着，你重复敲击这个音符序列三次，边敲边说："a-b-c，a-b-c，a-b-c。""孩子们，这是什么模式？"孩子们回答："a-b-c。""对了，你们今天要接受的挑战就是用数学区的材料创造一个 a-b-c 模式的序列，它至少要重复三次，你们可以合作完成。你们如果准备好了给我看，就来拍拍我的胳膊。"然后，你就可以离开去指导其他小组的活动了。

游戏中：作为引导者

几分钟后，你回到数学区看看孩子们游戏的情况。如果 a-b-c 模式对孩子们来说过于陌生或太难，那么你可以继续示范。例如，边说"a-b-c，a-b-c，a-b-c"边使用音符序列，或者在数学区挑选一个没有使用过的材料，用这个材料向孩子们展示该模式。

在孩子们游戏时，你可以通过多样化的提问来鼓励他们审视自己的思维过程，例如，"你摆的是什么模式？""你是怎么知道的？""如果你想继续按照 a-b-c 的模式摆下去，接下来应该放什么？"

如果孩子们在排序过程中出现了错误，你就应该鼓励他们意识到错误并尝试改正，例如，"让我们一起来看一看，你能指出第一个 a 吗？那么第一个 b 和 c 呢？接下来应该是什么？"你可以采用暂停、沉默或专注等方式鼓励幼儿意识到自己的错误，并与同伴协商一起找到解决问题的办法。

如果孩子们遇到困难，那么你可以尝试使用"填空"这一支持性策略。

例如，用孩子们的材料摆出"a-b-c，a-b-c，a＿＿"的规律，留出空格让孩子们操作，以帮助他们弄清楚接下来应该放什么。

如果孩子们顺利地完成了重复三次的 a-b-c 模式排序任务，你就可以通过多种方式鼓励他们继续在数学区探索，例如，"你已经摆了一个 a-b-c 模式的排序！如果愿意，你还可以继续做一个新的 a-b-c 排序，当然也可以摆摆其他模式。你还可以把材料分一下类，或者数一数有多少个，或者用其他的玩法玩你的材料。"

以上案例给幼儿提供了这样一个机会，即他们既可以练习自己能做的事，又可以尝试没有支架就无法完成的活动。教师的支架为幼儿提供了"踮起脚尖就能够着"的支持，没有这一支持，他们就无法顺利完成任务。当然，孩子们不能把所有的学习时间都花在"踮着脚尖"的学习上，这样太累了！他们同样不会把所有的学习时间花在练习已经掌握的技能上，那样就太无趣了！

提供良好的支持，重点在于提前思考一两个简化的活动或者更具挑战性的活动。在以上案例中，你可以通过建议幼儿完成更高难度的模式来向他发起挑战，如 a-b-c-c，a-b-c-c，a-b-c-c。当然，如果幼儿觉得掌握现有模式存在一定困难，那么你可以建议他尝试较为简单的排序模式，如 a-b，a-b，a-b，或提供一个 a-b-c 的排序模式让他模仿，或直接鼓励他对材料进行分类。

游戏后：作为反思的促进者

随着时间的推移，你可以把孩子们尝试的排序模式收入"练习本"中。在练习本每页的顶端，放置一张幼儿在数学区创建的排序模式的照片。在照片下方，给孩子们提供指定的空间，让其画一画或用贴纸粘一粘与每页照片一样的排序模式。教师可以复制练习本，让每一个孩子都能自行练习按规律排序。

自由游戏的计划

游戏前：作为计划者

想象这样一个场景：你们班里的积木区已经配备了一套经典的大型单元积木。你认可积木区是促进幼儿掌握数学概念的重要区域。你每天都创造机会，鼓励幼儿积极参与自由游戏。现在，你发现三个孩子在积木区建构建筑物。在游戏中，他们遇到了有关长度、"部分与整体"的关系以及形状等数学概念。

目标

该活动有多种探究的可能性。与数学学习相关的目标有：

- 合并、拆分，以形成新的图形
- 依据长度、重量和大小等属性对物体进行比较与排序，使用"更大""更长""更高""更重"等词汇
- 对二维和三维图形进行识别、命名、构建、绘制、比较和排序

背景与时间

你所在的班级在上午为孩子们提供了60分钟的自由游戏时间。孩子们可以自由选择并在区域间走动，但每个区域的人数不能超过特定的数量。你根据积木区的空间大小和材料多少确定了该区人数上限为4人。以前的人数限制是6人，但孩子们经常围绕游戏材料和空间发生争执，所以你把它调整为4人。

准备与材料

活动室中的积木区配备了经典的大型单元积木，当然也包含塔楼、拱形门等。基于幼儿发展的需求和游戏空间的限制，你选择为孩子们提供一套大小适中的基础单元积木，这样他们就可以建造大型建筑物而不必担心材料不足。积木数量适中，既可以鼓励幼儿之间的相互分享和协商，又可以避免因材料不足而导致冲突的频繁发生。教育机构多年的持续投入，能保证每个班级都有一套经典的大型单元积木，它可以代代传递，是促进幼儿发展不可

或缺的材料。

启发策略

积木本身就是很好的刺激物。当然，你还可以在积木区投放一些汽车、小娃娃等辅助材料，以促进幼儿在积木区开展适宜的角色游戏。如今，你特意在积木区的地毯上提供了一些视觉刺激，以促进幼儿认识到"部分与整体"的关系：将两个一倍块积木放在一个二倍块积木上，将两个二倍块积木放在一个四倍块的积木上；将两个三角形积木合并成一个正方形，将两个拉长的三角形合并成一个长方形。

游戏中：作为引导者

观察：你站在活动室中央，注意到现在有三个孩子在积木区游戏。他们正在建造城堡的护城墙。最初，他们使用四倍块积木搭建正方形围墙的底座和第二层的一半。"快来快来，我们用这些积木！"尼克一边说，一边拿起了几个较短的二倍块积木。孩子们继续用这些积木砌墙，直到积木用完为止。

解释：凯茜说"我要用这些积木"，她从置物架上拿出了一些单元积木。你附和说，"哦，凯茜，你正在用单元积木"。通过对幼儿行为的描述，你为孩子们提供了有助于游戏间交流的数学词汇，同时将他们的注意力吸引到单元积木上。

添加材料：用完单元积木后，孩子们的护城墙还没有建好。这时，尼克拿起了两个直角三角形，把它们拼在一起，做成一个单元积木放在城墙上。但两块积木一下子就散了。你给尼克拿来了胶带，说："这样会有用吗？"你通过以上方式，让尼克认识到：两个完全相同的直角三角形合并后可以拼成一个长方形。

如果你想提供更低程度和更间接的支持，那么在给尼克胶带之前，你可以问他："你有什么办法让这两个三角形不散吗？"你如果想提供更直接的帮助，就可以直接对孩子说："这里有胶带，你可以用它把两个三角形粘成一个长方形。"

游戏后：作为反思的促进者

没必要对每次游戏都进行记录或反思。偶尔的反思有利于幼儿思考游戏过程，有助于提升教师游戏支持和指导的实效性。以下是一些具体可行的做法。

记录

简要记录幼儿在长度、"部分与整体"的关系以及形状组合方面的认知状况。他们有哪些困惑？在接下来的游戏中，应该提供什么样的支持来促进其理解能力的提升？

反思与表征

你可以鼓励孩子们制作一本关于单元积木的资源手册。他们如果感兴趣，那么可以用画画或拍照的方式向其他孩子解释以下数学概念。

- 两个完全相同的小长方形可以拼成一个大长方形。
- 两个完全相同的直角三角形可以拼成一个长方形。

资源手册可以放在积木区的置物架上。

问问自己以下这些反思性问题：

- 孩子们对我提出的问题有何反应？他们说了什么？做了什么？
- 我用了哪些支持策略？孩子们对我的支持策略有何反应？他们说了什么？做了什么？
- 哪些证据可以表明孩子们正在朝着我制定的目标和方向前进？
- 如果我再次执行这个计划或类似的计划，我会有什么不同的做法？
- 为了帮助孩子们进一步朝着目标前进，我下一步该做什么？

制订你的游戏计划

请使用下面的模板。从一两个数学学习发展目标开始，你可以从本章列举的目标、你所在州的早期学习标准或你所在项目的课程中找到它们。根据你对班级幼儿及其兴趣、能力、偏好的游戏内容等方面的了解，制订一个游戏计划，助力幼儿朝着最初拟定的目标前进。如果你想鼓励幼儿进行不同种类的游戏活动，可以参考本书第 2 章的内容；如果你想了解在游戏中可以使用的支持性策略，可以参考本书第 3 章的内容。

游戏前

目标

_____

_____

背景与时间

_____

_____

准备与材料

_____

_____

启发策略

_____

_____

_____

游戏中

可能的支持策略

_____

_____

游戏后

记录

反思与表征

第7章

促进语言和早期读写能力的发展

在学前阶段，儿童的语言发展突飞猛进。也正是在这几年里，儿童发展着与早期读写能力相关的基本概念。我们需要明确的是，语言和早期读写能力不是凭空发展起来的，它与儿童的语言经验及所处环境密切相关。实际上，儿童口头语言与早期读写能力的发展密不可分。与语言是在一个充满对话的社会环境中通过人际交流和互动发展起来的一样，早期读写能力的发展也离不开充满印刷符号的环境——人们从印刷符号中获取意义，借助印刷符号交流思想。

早期读写能力的发展可以说是建立在口头语言的发展之上的。口头语言的发展之所以对其发展至关重要，是因为读写能力从某种意义上来说，就是一种解读和提取表征口头语言意义的书面符号的能力。

2—6岁时，儿童的语言发展速度极其惊人。他们在此期间以平均每天5个单词的速度增长，大约能掌握1万个单词。除了词汇，他们还习得大量的语言规则：学习语法规则，将单词组合成句子进行交流；学习词法规则，了解单词的单复数、过去时与现在时等；学习对话的规则，例如，什么时候以及如何倾听，如何在对话中轮流发言，如何结合口头语言、肢体语言和语调来强化意义，以及如何使用提问来达到不同的对话目的等。这些能力的发展既不是完全通过有计划的指导，简单直接地教给幼儿的，也不是凭空产生的。幼儿学习语言的难易度取决于其所处的社会环境、语言环境和个体经验。成人倘若能用丰富的语言与幼儿交谈，讨论他们感兴趣或对其有意义的事情，那么幼儿的语言发展将大受裨益。

大多数时候，口头语言是人类交流的主要方式，读写能力则从某种程度上拓展了我们表达和接收信息的可能性。幼儿阶段，儿童学习并掌握与读写相关的基础知识和技能，例如符号承载并表达意义、字母与发音存在对应关系、阅读时应从左至右。当然也包括命名的能力，以及对角色、场景和顺序等故事元素的认知等。本章"明确语言和早期读写能力发展的目标"一节列出了幼儿语言和读写能力发展的部分目标。

幼儿期不仅是儿童语言发展的关键时期，而且是读写能力发展的重要敏感期。早在1998年，国际阅读协会（International Reading Association，IRA）和全美幼教协会联合发表的声明中就明确提出："虽然读写能力的发展持续终生，但从出生到8岁是儿童读写能力发展最为重要的时期。"

对儿童语言与早期读写能力发展重要性的强调，不意味着我们要让幼儿提前学习阅读和写作，更不是要将小学的学习内容和方法引入学前教育。与早期数学的学习一样，幼儿在真正解码文字意义之前，需要掌握一些基本的知识与技能。国际阅读协会和全美幼教协会的联合声明指出，如果儿童在童年早期接触适宜的读写经验和教学实践，那么大多数儿童在六七岁时就能读写。有一部分幼儿可能更早，提前到5岁，甚至4岁。另一部分幼儿则需要个别指导加以强化，才能在八九岁掌握读写。

国际阅读协会和全美幼教协会的共同研究显示，幼儿还处在早期阅读和写作能力发展连续体的第一阶段，即感知探索阶段。在这一阶段，他们探索环境，为阅读和写作奠定坚实的发展基础。以下列举了人们通常希望幼儿能做到的事例：

- 喜欢聆听和讨论故事
- 理解符号承载着信息
- 尝试阅读和书写

- 识别环境中的标识和声音
- 积极参与押韵游戏
- 识别字母并将字母与其发音匹配
- 使用字母或类似字母的符号进行前书写，如自己的名字或"我爱你"等有意义的词汇或句子

由于发展偏差、障碍或缺乏经验，部分幼儿可能尚未做好准备达到以上发展目标。当然也存在相反的情况，有些幼儿表现出下一发展阶段的特征，即实验性读写，甚至更超前。

游戏对语言和早期读写能力的发展至关重要

支持幼儿语言发展的重要方法就是与他们交谈。这种交谈，不仅是"对"他们说话，更重要的是"和"他们说话。也就是说，提供幼儿与成人和其他同伴相互交流的机会，是促进其语言发展的重要策略。与幼儿交流他们感兴趣的话题或他们正在从事的活动，通常效果会更好。

支持幼儿早期读写能力发展的重要方法就是与幼儿一起阅读令其感兴趣的书籍。成人可以读书给幼儿听，也可以与他们一起阅读——指出插图中的物体，回应幼儿的评论，提出或回答问题等。成人还可以听幼儿"读"书，看他指着图片，"回忆"自己的故事。有时，这三种阅读方式会在一次阅读中同时出现。

对话和共享阅读均能有效促进幼儿语言和早期读写能力的发展。以下列举了部分有助于幼儿语言发展的支持性策略：

- 通过命名和发音来认识字母
- 创设丰富的书写环境，提供书籍、印刷品、书写工具（如纸笔）等
- 提供包含可预测性内容（如多次重复、固定节奏等）的书籍

- 重复阅读幼儿喜欢的书籍
- 鼓励幼儿画画、做印记和书写
- 鼓励幼儿参与语言游戏，如玩声音
- 开展与读写相关的游戏活动
- 鼓励幼儿谈论对其而言重要的想法和事件

以上策略中，有些本身就是游戏，所以可以很容易地嵌入幼儿的活动中。当然，游戏不是促进幼儿早期读写能力发展的唯一方法，但大量的研究显示，游戏在其中发挥了重要作用。它通过发展幼儿的口头语言、语言意识、文字意识及相关知识促进幼儿早期读写能力的发展。虽然游戏是促进幼儿语言和早期读写能力发展不可或缺的途径，但仅仅依靠游戏是远远不够的。我们鼓励教师将游戏与更加结构化的活动进行整合，共同促进幼儿的语言和读写能力发展。

支持语言和早期读写能力发展的策略

提供拼图、规则游戏及其他活动材料，并向幼儿展示如何使用以上材料练习字母识别与命名、字母与发音配对、单词与首字母配对等。可提供的材料如下：

- 字母拼图
- 大的磁性字母或泡沫字母
- 字母匹配游戏
- 首字母拼图
- 字母分类盒

记住，应向幼儿示范如何使用上述材料。他们可能会将这些材料用于其他好玩的目的，当然这在游戏中是被允许的。值得注意的是，不要想当然地认为幼儿不需要教就能自己弄清楚这些材料的预设功能和玩法。

当幼儿使用上述材料开始游戏时，你要寻找机会支持并挑战其思维，例如，"是的，ball（球）的首字母是 B，那么字母 B 发什么音呢？""还有什么词是以 B 音开头的？"

幼儿通常对自己的名字非常感兴趣，他们往往还会将其与其他幼儿的名字进行比较。由此，你可以创编一种名字识别配对游戏：先制作一套印有孩子们照片的卡片，再制作一套印有孩子们名字的卡片，然后鼓励幼儿一起将名字与照片匹配起来。如果幼儿识别名字有困难，那么可以让他们先关注首字母，问问他们那个字母发什么音，必要的时候示范发音，让幼儿找一找谁的名字以这个音开头。

教师应在班级的各个活动区提供各种读写材料。这些材料包括：与黏土放在一起的字母饼干切割器，美工区的字母章，角色区和积木区的纸张、书籍、报纸、杂志和书写用具等。需要注意的是，成人要提前示范材料的使用方法，例如，字母章可用来将自己的名字印在某一艺术作品上，马克笔和纸张可以用来书写购物清单。别忘了报纸和杂志，它们可以在幼儿有关家庭或飞机主题的角色游戏中使用。

教师要鼓励幼儿积极参与和早期读写能力发展密切相关的主题角色游戏，如图书馆、邮局、教室和书店等。游戏前，教师需要丰富幼儿的相关背景经验（可通过实地考察）、角色及行为信息，提供支持性游戏材料。请注意，角色游戏可以发生在除角色区外的许多地方，如积木区、户外游戏场地、娃娃屋、手偶区，或一张放有娃娃和积木的桌子上。

鼓励幼儿积极参与押韵游戏，在熟悉的歌曲或童谣中插入一个押韵词。例如，在幼儿熟悉了歌曲《一闪一闪亮晶晶》(*Twinkle, Twinkle, Little Star*)后，与他们一起找出两个分别与 star（星星）和 sky（天空）押韵的单词，把它们插入歌曲中。为了更加有趣味，加入某些搞怪的改编也是可以接受的。除了押韵游戏，姓名游戏也很值得一试，可以在游戏中把幼儿的名字（去掉开头的音）插入歌曲中。例如，用我的名字创编的歌曲是：

Kristen, Kristen, bo bisten.

Bo nana fana, fo fisten.

My name is Kristen.

Kristen.

通过对话扩展幼儿对词汇和语法的理解

在各类游戏活动和情境中，教师要注意寻找机会，扩展幼儿的词汇量，尤其是那些与特定的游戏紧密相关的词汇。这时，幼儿通常会积极、开放地学习新单词。例如，当一个孩子指着积木说这是"积木门"时，你可以回应他："用拱形积木做门真是一个好主意！"请注意，这种"迷你课程"是在幼儿游戏的过程中完成的，不会分散幼儿对自己目的的注意力，尊重幼儿游戏的重要性。

在游戏中，教师可以使用描述和复述等较为自然的介入方式，支持幼儿语言的发展。这里所说的描述，是指教师运用新的词汇，用简单的语言具体说明你所看到的幼儿游戏同时嵌入新的单词，例如"贾森在转动钥匙"或"你用黏土盘了一个线圈"等。复述则是指重复幼儿话语的同时，加入新的单词或短语。例如，当一个孩子说"看，我正在用这个锅煎蛋"时，你可以评论："明白了，你正在用平底锅煎鸡蛋，它们看起来非常美味！"

游戏中的复述策略同样能促进幼儿的语法学习。以正在娃娃屋玩耍的莉拉为例，她创造了一个假想的情景，让娃娃们在户外玩耍、爬树。忽然，莉拉惊呼："哦，不，他从树上掉下来了（he falled[1] out of the tree）！"这是一个用复述策略支持莉拉语法学习的很好机会：既通过幼儿感兴趣的游戏，又不会偏离游戏原有的轨道。那么如何使用复述的支持策略呢？一种可能的选择是："哦！他从树上掉下来了（He fell[2] out of the tree）！你需要救护车吗？"这样一来，你不仅为莉拉提供了正确的语法样例，同时仍然聚焦

---

[1] 这里"掉下来"用的是 falled，英语 fall 是一个不规则动词，其过去式为 fell，不是 falled，莉拉这里的语法使用错误。——译者注

[2] 教师这里用的是 fell，语法使用正确。——译者注

于幼儿的游戏活动。你甚至为莉拉提出了一个新的假装游戏的可能性：呼叫救护车。

幼儿在游戏时，你可以通过多样化的方式鼓励其描述正在做的事情，从而促进对话的发生。你可以从一个简单的描述性评论开始，如"我看到你把卡车排成了一排"。这种评论一方面表明你的兴趣和关注点，另一方面又不需要幼儿做出回应。如果愿意，他就会围绕这个话题与你继续交流。当然，也有更为直接的邀请幼儿加入对话的方式，例如"我在你的画里看到了粉色和蓝色，你愿意和我讲讲吗"或者只说"我很想听听你是怎么画的"。你可以根据自己的专业判断决定何时使用这些策略。但值得注意的是，游戏中太多的对话邀请会让幼儿感觉受到侵犯。

明确语言和早期读写能力发展的目标

玛乔丽·科斯泰尼克等人协同国际阅读协会和全美幼教协会、儿童和家庭管理局一起列出了一份适用于幼儿的语言和早期读写能力发展目标的建议清单，具体如下。

- 倾听
  - 表现出有礼貌的倾听行为
  - 识别环境中的声音
  - 接受性词汇量不断增加
  - 意识到口语是由更小的语音片段组成的

- 表达
  - 表达自己的想法、意图、情感和愿望
  - 提问并回答
  - 创造并描述想象的情景

- 表达性词汇不断增加
- 使用越来越复杂的句子结构
- 理解、遵守并使用适当的对话规则
- 理解并使用多样化的词汇达到不同的目的

- **书写**
  - 意识到可以通过书面符号（绘画和书写）向他人传递信息
  - 理解话语可以通过书面语言进行保存
  - 观察并模仿书写
  - 将字母发音与字母表中的字母联系起来
  - 书写字母
  - 把想法写在纸上，最初可能是简单的绘画，后期能将书写与绘画进行结合
  - 使用自己独特的书写方式，之后逐渐掌握约定俗成的拼写、标点和格式规范（从左到右，从上到下，空格）
  - 理解印刷品的用法（印刷品的功能）
  - 理解印刷品的规则（印刷品的惯例）
  - 使用越来越复杂的符号达到不同的目的

- **阅读**
  - 识别字母
  - 意识到可以从印刷符号中获取信息
  - 联系类似阅读的行为，从假装阅读到尝试用书本插图和文字来匹配其流畅的语言
  - 对环境中的书写符号做出反应，如自己或他人的名字、图标、广告和标签等
  - 根据文本信息和自身生活经历，预测故事接下来的情节

第7章 促进语言和早期读写能力的发展

- 明确故事的元素和结构，如发生顺序、主旨大意、人物、背景和情节等
- 利用原故事的逻辑，创编新的故事结局
- 扩展视觉词汇[1]量
- 识别字母表
- 能正确发音
- 能够通过故事讲述和复述来理解叙事结构

通过不同类型的游戏促进语言和早期读写能力发展

以下是一个引导性游戏的案例。在该案例中，教师正在教幼儿玩字母—图片匹配游戏。

 观察与学习

识别字母和字音

凯特琳老师看到玛尔塔和德莱尼刚玩完一个桌面游戏，她认为这是介绍新配对游戏的好时机。这个游戏由两套卡片组成，一套卡片上印有孩子们熟悉的物品，另一套卡片上则印有字母。凯特琳老师说："看看我手上是什么，姑娘们。这是一个字母和图片配对的游戏。现在请你们把这些卡片分成两堆：一堆是字母，一堆是图案。你们完成后，我会回来告诉你们如何玩这个游戏。"

看到孩子们把卡片分拣好后，凯特琳老师和她们一起把卡片

---

[1] 最常见、最常用的词汇，个体在不发音的情况下看一眼就能识别出来。——译者注

> 铺开，印有字母的卡片背面朝下。"我先选一张卡片，"凯特琳一边说，一边抽出一张字母卡，把它翻了过来，"你认识这个字母吗？"如果孩子们命名有困难，她会给一些提示，例如"看看墙上的字母挂图，你能把它找出来吗""这是字母表中的第二个字母"或者"它是贝丝（Beth）名字里的第一个字母"，或直接告诉孩子们"这是字母 B"。她接着问孩子们字母 B 的读音是什么，在必要时可以引导或直接告诉孩子们如何读这个音。
>
> 为了避免过多地帮助，以便让游戏保持在一个舒适且具有挑战性的水平，凯特琳老师一开始尽量不提供直接的支持。如果孩子们不能独立完成，她就会适当增加自己的支持。一旦孩子们确定了字母 B 的名称和发音，凯特琳老师就会为孩子们演示几次 /b/ 的发音。她鼓励孩子们发 /b/ 音，然后说："现在看看你们能否找到匹配的图片，以 /b/ 音开头的图片。我一会儿就回来，看看你们找到没有！"当她第二次回来的时候，她和孩子们一起轮流翻看字母卡片，辨认字母及其发音，并找出与之匹配的图片。

通过这类游戏，教师可以观察到幼儿能识别哪些字母，他们把字母和发音联系在一起的能力发展到了什么程度，以及他们是否能识别单词的首音。通过记录，教师还可以明确哪些幼儿在这方面需要额外的支持和帮助。

简单的游戏与活动可以为幼儿发展语言和早期读写能力提供有趣的机会。在下面的案例中，我们能看到一群孩子，他们在教师的指导下参与一个受欢迎的歌唱游戏。该游戏旨在让幼儿意识到单词是由声音组成的。

在圆圈时间唱歌

每个星期一早上，拉姆齐老师都会带领孩子们唱《小袋鼠》（Willoughby Wallaby Woo）。这是一首非常好的问候歌谣，它不仅可以让每个孩子说出自己的名字，同时还给予他们集体的关注。在快乐的音符中，孩子们开启了新一天的生活。

孩子们坐下后，拉姆齐老师就会开始唱："小袋鼠袋鼠小（Willoughby Wallaby wee）……"他唱着，孩子们很快回应"一头大象坐在我身上"（An elephant sat on me）。拉姆齐老师继续唱："小袋鼠袋鼠小（Willoughby Wallaby woo）……""一头大象坐在你身上"（An elephant sat on you）。随后，拉姆齐老师给每个孩子的名字都加上了韵脚，他们轮流演唱——

拉姆齐老师：小袋鼠袋鼠小威卡多（Wicardo），一头大象坐在……

孩子们：里卡多（Ricardo，这个名字与Wicardo同韵脚）身上！

拉姆齐老师：小袋鼠袋鼠小韦根（Wegan），一头大象坐在……

孩子们：梅根（Megan，这个名字与Wegan同韵脚）身上！

这首歌一方面有助于幼儿倾听语音和押韵，另一方面能发展幼儿将名字首音与其余音节分开的能力。此外，这首歌还能让拉姆齐老师有机会看到哪些孩子在这些技能的掌握上存在困难，哪些孩子正在掌握这些技能。

语音意识是幼儿掌握字母和发音之间关系的基础。研究表明，它也是后期阅读能力发展的重要预测因素之一。

游戏后的反思时间

在前面章节的很多案例中,我们看到教师鼓励幼儿在游戏后进行反思,并通过绘画或书写进行表征。这一过程既有力地促进了游戏的发展,又为幼儿提供了丰富的机会来发展语言和早期读写能力。他们通过思考、交谈、绘画和书写等方式再现与其相关而又有意义的发展内容。

观察与学习

反思和表征游戏

墨弗里老师班上的一日作息表显示,午餐前是孩子们的区角活动时间,其后是午睡前短暂的故事时间。每周五,墨弗里老师都稍微修改一下作息安排,她会将故事时间改为游戏反思时间。吃点心时,她会鼓励幼儿回想当天或过去几天他们最喜欢的游戏活动。孩子们吃完后,她会继续鼓励幼儿坐在点心桌前,与同伴简单地分享最近的游戏活动。

清理干净点心桌后,墨弗里老师会给每个孩子提供纸笔,鼓励他们画一画或写一写(或两者兼有)自己的游戏活动。这时,有的孩子会画一幅简单的画,有的孩子在绘画的同时会加上一个自创的单词,有的孩子则只是在纸上做个记号,还有的孩子要口述并请墨弗里老师帮忙记录。游戏反思后就是简短的故事时间,孩子们会躺在午睡垫上。谁知道呢!在午睡前,引导孩子们回想愉快的游戏记忆说不定还能起到放松助眠的效果呢!

在以上案例中,墨弗里老师将幼儿表征能力的发展与其有意义的活动——游戏联系起来。以此为契机,她得以了解每个孩子对其游戏的感受和

想法，这有利于她计划未来的游戏。同时，幼儿反思自己的游戏活动，也可能激发他们产生未来游戏的新想法。

制订游戏计划：促进语言和早期读写能力发展

引导性游戏的计划

游戏前：作为计划者

假想一下，西奥正在接受自闭症谱系障碍的评估。和其他患有类似障碍的孩子的表现一样，西奥在社会关系、游戏和沟通方面存在困难。当他鼓足勇气试图加入孩子们的表演游戏时，相互之间的误解常常导致冲突的发生。你想通过社会性游戏帮助西奥和该区域的其他孩子互动。基于幼儿熟悉的故事进行的表演游戏，不失为一种很好的策略，你想试一试。你意识到其他孩子也可以从这一活动中获益，尽管他们的目标可能与你为西奥设定的目标有所不同。

目标

对西奥来说，你的直接目标是为他提供与其他孩子顺利、愉快地玩耍的经历，并促使他被其他孩子接受。

对所有的孩子而言，你希望他们更好地理解和把握故事的元素与结构，如故事顺序、主旨大意、人物、背景和情节等。你还希望他们能通过讲述或者复述故事来展示对故事结构的理解。

背景与时间

你决定在区角轮换时间的表演区中开展此类游戏。在接下来的几天里，表演区将只用于这个目的。

准备与材料

在这几天的区角活动时间，你要把大部分精力投入表演区中，所以需要合理安排，以便其他区角的幼儿不需要你的支持就能顺利参与活动。

你需要选择一本故事书作为引导性表演游戏的脚本。书的情节要简单，包括少数几个角色和一个重复的结构。你可以考虑《三只比利羊》[1]（*Three Billy Goats Gruff*）、《三只小猪》（*The Three Little Pigs*）、《金发姑娘和三只熊》[2]（*Goldilocks and the Three Bears*）和《小红母鸡》[3]（*The Little Red Hen*）。最后，你选择了《小红母鸡》，因为故事中谈到了面包，这是西奥最喜欢的食物之一。

你需要准备简单的材料支持幼儿开展这个游戏：为扮演小红母鸡而准备的一块头巾、为扮演狗而准备的狗耳朵、为扮演猫而准备的猫耳朵、为扮演鸭子而准备的鸭嘴帽、种子、割麦子用的工具、一束高草（假装是小麦）、一个篮子、真的或假的面包、烤箱（可以用角色区的烤箱或用盒子代替）等。

启发策略

你在一星期内给孩子们读了几遍《小红母鸡》的故事，接着鼓励他们加入，和你一起念：

母鸡："谁来帮我种这些种子？"

"不是我。"猫说。

"不是我。"狗说。

"不是我。"鸭子说。

母鸡："那我自己来吧。"

孩子们熟悉所有的台词后，告诉他们，你将在下周给他们提供一些道具和服装，与他们一起创作《小红母鸡》的表演剧目。

游戏中：作为引导者

思考以下支持性策略：把四个孩子分成一组，其中一个孩子负责旁白，另外三个孩子扮演不同的角色。当然，你也可以扮演旁白的角色。一开始，

---

[1] 该书的简体中文版已由语文出版社于2015年出版。——译者注
[2] 该书的简体中文版已由新疆青少年出版社于2017年出版。——译者注
[3] 该书的简体中文版已由浙江人民美术出版社于2017年出版。——译者注

你需要根据幼儿的能力给他们分配角色，随着游戏的进行和小组能力的提高，孩子们可以相互交换角色。

对于西奥所在的小组，你需要更仔细地选择伙伴。他们应该乐于合作、喜欢帮助他人，具有较好的游戏技能。

你和孩子们谈论剧目时，请使用"角色""场景"和"故事顺序"等词汇。

为孩子们提供法兰绒板、毛毡人物和道具，以及《小红母鸡》的书，允许孩子们在自由活动时间独自或两人一组练习表演故事。

帮助孩子们记住何时使用道具。你可以鼓励那些更有能力的孩子提醒需要帮助的同伴。值得注意的是，支架并不一定由成人提供，更有能力的同伴也可以为有需要的孩子提供有效的支持。孩子们有时可以自己提供支持，有时可能需要你直接的建议："谢里，有时候西奥会忘记他正在扮演小狗。你可以轻拍他的手臂，小声对他说'你是小狗，西奥，现在轮到你了'。"

游戏后：作为反思的促进者

记录

等孩子们有了信心，能把故事演好之后，你可以把孩子们的表演录下来，放给全班孩子看，也可以通过网络发给家长观看，或者在园所组织的家园晚会上播放。孩子们可以制作门票、指示牌，甚至是展示角色阵容的名单。

反思与表征

鼓励幼儿按照顺序绘制、书写或口述故事的每个环节。将孩子们的个人画作按顺序粘贴，孩子们可以依据共同制作的脚本顺序轮流或合作排演节目或故事。

自由游戏的计划

游戏前：作为计划者

想象一下，当地的图书馆每月都会举办一次"学前儿童故事时间"活动。你班里的孩子们非常喜欢这个活动。对于在图书馆里进行的讲故事、阅读图书和木偶表演活动，他们非常感兴趣。最近，你注意到班上甚至有几个孩子在阅读区玩借书还书的游戏。你决定在活动室创设一个以"图书馆"为主题的角色区，支持并发展幼儿的这种兴趣。

目标

通过阅读书籍，操作图书馆主题的相关材料，孩子们创造并描述富有想象力的游戏场景。当阅读和谈论书籍时，他们将有机会展示自己对印刷品的用法和规则的理解，与此同时练习类似阅读的行为。通过标识、借书卡和其他材料，他们能够学会对环境中的书面符号做出反应。

背景与时间

这个区域可供孩子们在两个 45 分钟的活动时间里自由使用。你决定把教室布局稍做调整——让阅读区临近表演区。这样两个区都可以用于幼儿的游戏。表演区紧邻"集合毯"，孩子们可以把这个区域作为"故事时间"的场地，类似于当地图书馆的"故事时间"。

准备与材料

移除厨房物品和道具衣服等表演区的部分材料后，你可以在此区域添加与图书馆主题相关的材料。最初，你可以只添加一些基础性材料，随着幼儿游戏的发展，可以在一周左右的时间里添加更多的材料。

- 日期印章
- 大便利贴，放在书中用以盖日期印章
- 作为借书证使用的旧信用卡或礼品卡
- 额外的书籍
- 从中国家庭借来的中文书
- 旧的计算机键盘和屏幕
- 纸笔
- 借书台
- 书包或书袋

- 还书箱
- 空光盘盒
- 地毯故事区的玩偶
- "借书处""还书处""大书""小书""光盘""请安静"等图标

启发策略

创建图书馆主题角色区之前,你可以安排一个小分队,利用下次当地图书馆的"学前儿童故事时间"了解一下图书馆幕后的"故事"。你可以建议导游谈一谈图书馆中的各种角色、人们常说的事情,以及常见的行为和互动。记得拍些照片,可以将它们放在角色区,用以提醒孩子们。

你可以和孩子们一起阅读有关图书馆的书籍,如英国萨拉·斯图尔特(Sarah Stewart)的《图书馆》(*The Library*),这本书细致地描述了主角伊丽莎白通过创建自己的图书馆收纳书籍的过程。向孩子们展示你在图书馆拍摄的照片,让他们回忆自己在参观过程中看到和听到的内容。

游戏中:作为引导者

思考以下支持性策略:指出你班里图书区的中文书籍。当然,更好的做法是鼓励双语学习者梁来指出这些书籍,因为梁的母语是汉语。你可以帮助幼儿认识到中英文印刷品的不同、发音的不同以及印刷品组织方式的不同。

添加材料。图标或符号也许需要在几天之后才能被引入幼儿的游戏中。注意先从部分符号开始,鼓励幼儿探索每个符号的意义。你可以把他们的注意力引向首字母。幼儿可以决定符号摆放的位置,也可以就新增添的符号提出自己的意见,你可以和他们一起制作所需要的图标或符号。

询问幼儿是否知道日期印章的含义,以及在书上盖日期印章的目的。如果他们不知道,你可以告诉他们。当然,你也可以继续启发他们思考:如果有人延迟两天来还书,会发生什么?

鼓励幼儿思考图书馆的规章制度,例如,一个人一次最多可以借多少本书？引导他们进一步思考是否需要制作标识来提醒其他幼儿遵守这项规则。

记住你最初想要达成的幼儿发展目标。如果几天后，幼儿只是在图书馆里做一些基本活动，你就需要引导他们尝试在游戏中融入一些更富有想象力的场景。你还可以示范一个新角色，或者向幼儿介绍一本有关图书馆的有趣书籍，如长篇故事《被锁在图书馆里的阿瑟》(*Arthur Locked in the Library*, Marc Brown)。这本书讲述了阿瑟和弗朗辛下班后被锁在图书馆里（你猜对了！），不得不找到路出去的故事。

游戏后：作为反思的促进者

记录

这种游戏可能在几周内一直具有趣味性和价值。在这期间，你可以记录幼儿的所言所行，以证明他们正朝着你预设的活动目标前进和发展。你可以向幼儿父母及他人提供此类观察记录，帮助他们认识到游戏的重要性。你也可以将观察记录放在公告板、新闻稿或者网页中。

反思与表征

在第一周结束时，让孩子们说一说他们最喜欢在图书馆游戏中玩什么，鼓励他们想一想下周如果继续玩图书馆游戏，可以玩哪些不一样的内容。孩子们简短的讨论和交流，可能会让你思考添加新的游戏材料或其他支持。

问问自己以下这些反思性问题：

- 孩子们对我提出的问题有何反应？他们说了什么？做了什么？
- 我用了哪些支持策略？孩子们对我的支持策略有何反应？他们说了什么？做了什么？
- 哪些证据可以表明孩子们正在朝着我制定的目标和方向前进？
- 如果我再次执行这个计划或类似的计划，我会有什么不同的做法？
- 为了帮助孩子们进一步朝着目标前进，我下一步该做什么？

制订你的游戏计划

游戏前

目标

_____

_____

背景与时间

_____

_____

准备与材料

_____

_____

启发策略

_____

_____

_____

游戏中

可能的支持策略

_____

_____

_____

游戏后

记录

_____

_____

反思与表征

_____

_____

第 8 章

游戏支持及更多

到目前为止,我们已经研究了游戏在早期读写、语言、社会性-情感、自我调节和数学学习等领域是如何支持幼儿发展的。游戏对幼儿这些方面的发展贡献巨大,但它并不局限于此!接下来,我们将简单论述游戏对幼儿创造力、物理知识、音乐学习以及身体发展与人格健全所发挥的重要作用。

创 造 力

与游戏一样,创造力也有多种不同的界定。有时,它被描述为灵活、流畅的思维的产物,这一产物具有独特性、复杂性和细致性;有时,它被定义为以独特的方式思考、产生不同寻常的想法,或以不同的方式组合事物的能力;有时,它又指具有新颖性和意义感的产物。

美国教育心理学家托伦斯(E. P. Torrance)经常被人们认为是"创造力研究之父"。他认为创造的过程应包含以下四个要素:流畅性、灵活性、独创性和精确性。

- **流畅性**:产生许多不同想法的过程。例如,在 1 分钟内说出所有你能想到的球形物体。说出的物体名称越多,你的思维就越流畅。

- **灵活性**：产生许多不同想法的过程，这里特别强调的是想法的不同。灵活性意味着改变思维的方向或以另一种方式进行思考。例如，在1分钟内说出你能想到的砖的各种用途，尽量与他人的想法不同。你想出的不同用途越多，你的思维就越灵活。
- **独创性**：创造性思维强调独创性，即产生独特的或不同寻常的想法。例如，如果要你说出透明胶带不同寻常的用法，"包装礼物"就显得不那么有创意，而"为娃娃家做窗户"就更有创意。
- **精确性**：创造性思维的另一大特色是其精确性，即通过增加多个细节来深化某个想法。例如，用透明胶带给娃娃家做窗户，如果能想到将两根胶带面对面粘在一起以免窗户内部摸起来粘手，可以说就是一个思维精确化的过程。

观察与学习

使用开放性材料进行创造性游戏

萨拉和雷特别喜欢废物再利用。他们经常走访旧货店、手工艺品店、当地的废物利用中心，寻找廉价、开放的"废弃物"，将其作为材料用于孩子们的创造性游戏中。他们收集的材料包括：

- ✦ 可以投放在积木区的结实的纸卷芯和纸盒、用于包装的纸板边角料、空塑料咖啡罐
- ✦ 用过的胶带分割器上的塑料环、塑料盘和圆筒、瓶盖、不需要的扑克牌、油漆色样条
- ✦ 各种大小的木棒、木片和纽扣
- ✦ 贝壳、松果、橡子、抛光的浮木块，从地毯商店拿来的已经停产的小块地毯样品
- ✦ 散落或不成套的棋子：跳棋、多米诺骨牌、象棋、骰

> 子等
> + 各种颜色、形状和大小的玻璃鹅卵石和光滑的马赛克块
> + 空线轴、胶卷盘、晾衣夹、长丝带，以及废旧的建构玩具棒
>
> 萨拉和雷偶尔会在操作区、积木区、表演区和娃娃家投放这些材料或类似的材料。孩子们通过在游戏中想象和尝试多种材料的使用方法锻炼自身思维的流畅性、灵活性和独创性。教师则通过多样化的方法支持幼儿创造力的发展，例如对幼儿的行为表现出兴趣、通过偶尔的评论或提问来激发新的可能，"这是一种使用小木棒的新方法""我在想，它是什么""你找到了一个把晾衣夹和胶卷一起使用的新方法""你是怎么做到的""跟我说说你的想法"或者"对我来说，这看起来像是一张小桌子"。

为什么是创造力

创造力非常重要。IBM 商业价值研究院对 1500 名首席执行官进行的一项民意调查显示，创造力是未来的第一大领导能力（IBM Institute for Business Value，2016）。随着全球经济向重视创新转变，产生创造性想法和有效解决问题的能力越来越成为人们教育和工作中的必备技能。

幼儿似乎特别擅长创造，也许培养幼儿创造力最好的方法就是支持和保护他们已经拥有的能力。游戏为幼儿提供了大量发展创造力的机会。以下罗列了一些幼儿创造力发展的目标，这些目标可以通过游戏来实现。在阅读本书时，你也可以发挥一下自己的创造力，想想看，游戏可以通过哪些方式帮助幼儿实现这些重要的发展目标？

- 在完成任务和进行活动时表现出灵活性、想象力和创造力。

- 运用创造力和想象力操作材料，并在游戏情境中扮演角色。
- 在美术、音乐、舞蹈和戏剧表演中使用多样化的材料、工具、技能和流程。
- 面临问题、任务、困境时寻求多种解决方案。

通过游戏促进创造力发展

为幼儿提供创造性的艺术体验机会，使其能够以自己的方式使用艺术材料。要知道，创造性艺术与千篇一律的工艺品制作是完全不同的。要允许幼儿在真正属于自己的艺术体验中发展流畅性、灵活性、独创性和精确性，鼓励他们关注艺术创造的过程而不是最终的产品。创造性艺术包含探究、实验和游戏。

故事讲述可以是一种游戏。从幼儿熟悉的故事入手，鼓励他们想象不同的结局。充满想象力的问题能激发幼儿带着各种想法和可能性进行游戏："如果倒着走，会不会更刺激？""我们的宠物沙鼠必须穿鞋走路，接下来会发生什么？""如果每个人都长得一模一样，世界会怎样？""如果我们的教室底朝上，会发生什么？"

提供开放性材料。美国的莉萨·戴利和米丽娅姆·别洛戈洛夫斯基（Lisa Daly & Miriam Beloglovsky）在《开放性材料1：幼儿创造性游戏》[1]（*Loose Parts: Inspiring Play in Young Children*）一书中指出，开放性材料是指"儿童在游戏中可以移动、操作、控制和改变的具有吸引力的物品或材料"。幼儿可以使用多种多样的方法将开放性材料融入游戏中：他们可以用其进行分类、创造、设计图案、建构、制作作品，也可以用这些材料进行探究、实验、装饰建筑物、作为表演游戏的道具等。以下列举了一些开放性材料：

- 光滑的小石头
- 丝带

---

[1] 该书的简体中文版已由南京师范大学出版社于2018年出版。——译者注

- 橡子
- 串珠
- 树形饼干
- 玻璃卵石
- 空罐（用胶带封住尖锐的边缘）
- 瓶盖
- 树叶
- 包装材料
- 回形针
- 硬纸板
- 小块瓷砖
- 空线轴
- 发箍
- 涂料样片
- 丢弃的游戏币

物 理 知 识

物理知识作为认知发展的一个方面，与物理学、力学和自然世界中的物体相互交叉。幼儿天生就是科学家、工程师！简单而言，物理知识就是关于物理现象的知识，是关于物体属性和自然规律的知识。物理知识包括对物体的形状、大小、颜色和弹性等特性的认识，也包括物体如何运动的知识：一些物体滚下坡，一些物体滑下坡。同时，包括物体在不同条件下如何运动的知识。如果把水放到容器里，那么水的形状就是装它的容器的形状，橡皮泥也一样。物理知识活动是儿童在身体和心理上有意识地作用于物体以产生某种效果的活动。

物理知识活动鼓励幼儿直接对物体进行操作、控制和改变其运动状况。由此可见，物理知识活动不是教师进行的示范教学活动，恰恰相反，它们是真实的动手操作机会，鼓励幼儿通过游戏了解物体及其特性，了解自然法则。物理知识活动既可以发生在自由游戏中，又可以发生在有成人引导的游戏中。物理知识发展的部分目标如下。

- 观察、描述并讨论材料的特性和物质的转化
- 探索因果关系的第一手资料

- 使用多感官考察人造物和自然物的可观测特性
- 获取物理科学相关知识，如物质的变化；影响运动、方向和速度的力；自然现象的物理特性等

通过游戏促进儿童对物理知识的学习

幼儿可以在沙坑、泥土区、玩水区等地探索物理现象。除了提问，你还可以通过为幼儿提供精心选择和准备的材料，促进幼儿物理知识的发展。例如，在探索干沙和湿沙的不同特性时，你可以鼓励幼儿尝试控制为沙坑添加的水量。在玩水区，你可以投放漏斗、吸管和透明塑料管等材料，鼓励幼儿探索和发现流量、压力及虹吸的工作原理。

在混凝土人行道上提供冰块供幼儿游戏，鼓励他们看一看，冰块在阳光下和阴凉处会发生什么不同的现象。把空的油漆罐装满水，让幼儿使用画刷给人行道或建筑物的侧面刷"漆"，鼓励他们思考："如果刷上三层水会发生什么？""它和只刷一层的效果一样吗？"

在积木区提供木板，鼓励幼儿建造不同坡度的坡道。把网球放在坡道的顶端会发生什么？把弹珠放在那里，又会发生什么？物体的速度与它的大小有关吗？速度与重量有关吗？速度与斜面的坡度有关吗？请记住，这是一个游戏活动。你可以为幼儿提供支持，通过提问鼓励其思考，但不要控制他们游戏的方向。

类似"别打翻豆子"（Don't Spill the Beans）这类游戏，也可以发展幼儿的物理知识。在这个游戏中，幼儿轮流把豆子放在极易打翻的豆罐上，每次放一个。游戏要求他们在不打翻豆罐的情况下放置所有豆子。该游戏有利于幼儿思考平衡的原理及如何创造平衡。

当你设计游戏活动时，需要注意，幼儿是可以通过多种感官来获得物理知识的。例如，大部分幼儿通过视觉获得物理知识，而失明的幼儿能感觉到和听到物体对其行为的反应。也就是说，幼儿可以通过触觉、听觉甚至是嗅觉来发现和探索世界。

音 乐 学 习

音乐学习对每个幼儿来说都非常重要，而不仅仅是对那些有特殊天赋、以后可能成为专业音乐家的幼儿。音乐是人生乐趣不可分割的组成部分。它与其他领域的学习，如数学、科学和语言等，紧密相连。幼儿可通过多样化的途径学习音乐，游戏是其中非常重要的方式。部分教师认为自己不是专业的音乐工作者，因此对自己是否能有效地支持幼儿学习音乐感到担忧。实际上，当我们意识到幼儿往往视音乐活动为游戏时，支持他们的音乐学习就会变成任何教师都可以做到的事情！音乐学习的部分目标如下。

- 识别并回应音乐的基本元素，如节拍、音高、旋律、节奏、力度、拍子和情绪
- 参与音乐活动，如听、唱、表演和创造
- 用不同的音乐节奏和风格表达自己的所听所感
- 用乐器做实验

音乐术语

- **节拍**：音乐中反复出现的节奏；节拍是节奏的一部分
- **音高**：乐声的高低起伏
- **旋律**：音乐作品中的单音序列
- **节奏**：音乐的时间要素；长音、短音及静默以不同的方式组合在一起
- **力度**：乐声的响度及柔和度
- **速度**[1]：音乐演奏的速度
- **情绪**：能引起情感反应的音乐元素集合
- **音色**：不同发声体发出的声音的独特性，有助于听者辨别其来源

---

[1] 每分钟多少拍。——译者注

通过游戏促进音乐学习

为幼儿提供多样化的打击乐器,如手鼓、箱鼓、邦戈鼓、中东鼓、铃鼓、金贝鼓,甚至是各种自制鼓。指定一个区域供幼儿在其中探索各种鼓,也许你会更希望他们在户外的某个桌子或毯子上进行。鼓励幼儿探索不同乐器发出的声音。哪个声音更大?哪个声音更柔和?幼儿喜欢哪种乐器发出的声音?为什么?与此同时,你还可以鼓励幼儿模仿简单的节奏模式。诸如鼓之类能发出强烈振动的乐器,也能给患有听障问题的幼儿带来乐趣,因为即使是失聪者,亦能感受到不同的振动和节奏。

提供两组手铃,鼓励幼儿将相同音高的手铃进行配对。一般而言,我们用手铃的颜色区分其不同的音高。为了增加难度,你可以将所有的手铃涂成相同的颜色,这样孩子们就只能依靠音高进行对比。

为幼儿提供自由舞蹈或伴乐舞蹈的机会。你可以选择不同类型的乐曲,如华尔兹、单鼓音乐、快节奏音乐、慢节奏音乐以及不同情绪的音乐等。你可以通过提供简单的道具,如丝巾或飘带,或细致的评论,鼓励幼儿积极参与活动,例如"你的动作很流畅"或"这音乐让你想跳舞吗""如果你喜欢,就加入我们吧"。

你还可以与幼儿玩"听猜游戏"。准备一些不同音色的乐器:鼓、铃铛、沙锤、铃鼓、木琴等。先示范每种乐器的声音,在幼儿熟悉各种乐器的声音和名称后,把它们全部放在屏风后。在屏风后面演奏一种乐器,鼓励幼儿说出乐器的名字,或者指认乐器的照片。为了增加游戏的难度,可以使用相似的乐器,如各种铃铛或各种鼓。如果想使游戏简单一些,那么可以选择较少数量的乐器。经过几次示范后,幼儿就可以在没有成人的帮助下自己玩这个游戏了。

身体发展与人格健全

 观察与学习

大肌肉障碍游戏

米斯蒂·梅多早期学习中心（Misty Meadow Early Learning Center）的教师们合作开发户外障碍课程，通过多样化的方式促进幼儿大肌肉动作能力的发展。障碍课程每月开展一两次，每次内容不同，孩子们非常喜欢。教师在户外运动场给幼儿提供用于攀爬的大木箱、可跳跃的小木箱、长型单元积木做成的平衡木、可跳进跳出的塑料圈、可钻爬和翻越的结实木桌、能步行或跑步或使用轮椅穿行其中的塑料交通障碍锥、用两把椅子固定住的扫帚做的林波舞柱[1]、套圈、用于跳跃的粉笔线条等。

这些障碍物有利于发展幼儿移动、抓握、投掷、弯曲、瞄准、平衡、攀爬、跳跃等动作技能。教师在制订游戏计划时，既要考虑到幼儿大肌肉运动能力发展的需要，又要考虑个体幼儿的需求，为他们提供多样化的选择，不要硬性要求（但可温和地鼓励）每个幼儿尝试所有的设施设备。障碍课程是教师们一起合作开发的，所以计划课程、提供材料、收纳整理等任务不会让他们觉得难以承受。在愉快的合作氛围中，教师们越来越喜欢共同出谋划策，提出富有创意的有趣想法，鼓励幼儿在全方位锻炼大肌肉运动能力的同时获得游戏的乐趣。

也许游戏最大的贡献之一就是对幼儿身体发展和人格健全所发挥的作

---

[1] 舞者仰身向后穿过距离地面很低的横直障碍物，且每次降低障碍物的高度。——译者注

用。游戏为幼儿动作能力的发展提供了一个完美的环境。想象一下，如果我们禁止幼儿进行运动游戏，那么会发生什么？他们身体的发展只能依靠纯粹的功能性练习和有组织的体育锻炼。游戏为幼儿身体及动作技能发展提供了充分的动力。玩积木、穿串珠、伴随歌曲进行手指游戏，这些活动往往比只是为了锻炼而做的十组手指练习更有意义！在打闹游戏中奔跑，玩"丢手绢"游戏，通常也比按照指令在栅栏前来回跑三次更吸引人。

幼儿的身体动作技能发展与其胜任感之间存在一种有趣的联系。在幼儿阶段，随着儿童胜任感和自尊心的发展，他们会更倾向于关注身体活动方面。进入童年中后期，儿童更关注个性和自我的心理方面。这种现象并不奇怪。身体自我和身体活动能被幼儿直接观察到，而对内在心理自我的认识则需要更为复杂和成熟的思维。大部分教师和家长都注意到，幼儿经常呼喊"看我会做了"或"快看我"等语句吸引周围人的注意。身体行为对幼儿日益增长的自我意识发展来说非常重要，所以他们常常选择身体游戏。这也就是我们需要对那些因身体伤疾而缺乏运动技能的幼儿提供适当支持和可行活动的原因。

动作发展可分为大肌肉动作发展、精细动作发展和感知觉动作发展三种类型。精细动作发展涉及使用手或手指精确地移动小物体，如拾起、放置物品；使用剪刀；参与手指游戏、绘画和书写活动等。大肌肉动作发展包括走、跑、跳、跃、爬；踢、扔、接、滚；弯曲、旋转、提起、伸展等。感知觉动作发展将感知觉与运动有机结合，具体涵盖身体意识、空间意识、平衡意识、方向意识等。玛乔丽·科斯泰尼克等人在《发展适宜性实践：学前教育活动的组织与评价》和《开端计划早期学习成果框架》(*Head Start Early Learning Outcomes Framework*)中提出了动作发展的目标，部分如下。

- 精细动作/感知觉动作
  - 发展手部力量及灵活性
  - 操作书写、绘画和艺术工具

- **大肌肉动作/感知觉动作**
  - 发展各种体育活动（如走、推、跳、跑、爬、跃等）需要的运动控制能力和平衡能力
  - 发展各种动作协调能力和使用物体的技能，如拉、投、接、踢、击、骑等需要的运动协调能力

- **身体健康与人格健全**
  - 通过充足的休息和锻炼，支持健康发展
  - 整体健康状况良好，包括口腔、视听觉健康等，无传染病及常见疾病

通过游戏促进精细动作发展

在一日生活中，提供多样化的机会和材料，让幼儿锻炼手部力量、灵活性和眼－手协调能力。这一材料清单可能会很长，你甚至可能说出更多。请记住，你需要为幼儿提供或多或少的直接指导。例如：使用画笔之前擦掉多余颜料的方法；握住绳子底端，以便成功串珠的方法；使用黏土塑形、雕刻或压扁之前将其软化的方法等。如果你让幼儿自己解决所有这些事情，他们就可能会感到沮丧或无聊，甚至放弃活动。当然，除了指导之外，你还可以使用其他方法来支持幼儿精细动作的发展。例如，除了教会幼儿使用剪刀之外，你还可以为他们提供更易拿握和裁剪的材料，方便其轻松掌握。要知道，在一张结实的纸张边缘剪出流苏，比按图剪出三角形或圆形简单得多。剪刀种类多样，有些可能更适用于因身体伤疾而导致精细动作发展困难的幼儿。精细动作的发展，有助于幼儿学习字母，并最终掌握字母的书写。

支持幼儿精细动作发展的部分材料和活动如下：

- 系鞋带板
- 串珠
- 黏土或橡皮泥
- 笔刷

- 剪切
- 绘画用具
- 倾倒
- 小积木
- 小型拼合积木
- 螺母和螺栓
- 涂胶器
- 拼图
- 洞洞板
- 镊子
- 绒球
- 滴管

提供一个分隔托盘，制作冰块的冰格就可以，另外还要有镊子和一些诸如绒球之类的小物件。许多幼儿喜欢用镊子夹起物体并将其放入分隔托盘中。常规的滴管可能难以操作，但学校用品商店出售的滴管不仅价格便宜，而且易于操作。给幼儿提供滴管、装水的容器和带有吸盘的物体，如浴缸垫或肥皂盒等。幼儿可以用滴管小心翼翼地将一两滴水放入每个吸盘中。为了增加活动的趣味性，可以提供不同颜色的水和白色的吸盘表面，方便幼儿在上面设计图案、混合不同颜色的水滴等。

通过游戏促进大肌肉动作和感知觉动作发展

除了自由使用常规的游戏场地设备外，你还可以有意识地在游戏场地开展一些大肌肉运动游戏。你可以教授或支持幼儿开展这些大肌肉运动游戏或有氧运动。游戏可以是非竞争性的，也可以是竞争性的，或者只是与自己以往的表现进行对比，从而改进。以下列举了一些可供选择的游戏。你如果不知道这些游戏（或者忘记了！），可以通过网络轻松地找到玩法。

- 追逐游戏（Tag）
- 红绿灯
- 头、肩、膝盖和脚趾（Head, Shoulders, Knees, and Toes）
- 妈妈，我可以吗
- 接力赛跑
- 玫瑰花环（Ring around the Rosy）

- 跳房子
- 中间的猴子（Monkey in the Middle）
- 丢手绢
- 套圈
- 豆袋投掷（Bean Bag Toss）
- 伦敦大桥倒下来（London Bridge Is Falling Down）
- 保龄球
- 障碍赛跑
- 跟我一起做（Follow the Leader）
- 老鹰捉小鸡

另一个支持幼儿大肌肉动作发展和有氧运动的重要方法，就是允许他们进行打闹游戏。在过去的几十年里，关于打闹游戏的研究不断增多。此类游戏不仅有利于幼儿身体健康，还对幼儿的情绪发展和自我调节能力的发展具有重要作用。之前，许多教师曾试图禁止幼儿玩这类游戏，通常是由于他们害怕幼儿在其中打架、争斗、骚动和受伤。因此，教师有必要学会区分打闹游戏和真正的攻击性行为。美国的弗朗西斯·卡尔森（Frances Carlson）在其《大型身体游戏》（*Big Body Play*）一书中鼓励教师关注幼儿放松的面部表情和他们参与、重返、拓展游戏的意愿。这些都表明正在发生的是游戏而不是实际的攻击。

为了支持幼儿在户外进行打闹游戏，应保证每个幼儿平均约有9平方米的游戏空间。该空间无固定设施设备，但要有安全适宜的地面。

结　语

游戏（play）在英文中是一个由四个字母组成的单词，与成长（grow）、美好（good）、数学（math）、快乐（glad）、阅读（read）、绘画（draw）、孩子（kids）和爱（love）一样。游戏是儿童早期学习的关键过程。虽然高质量的学前教育项目中并非只有游戏，但游戏是其不可缺少的有机组成部分。在游戏中，幼儿认知、语言、身体运动、情感、社会性及创造力等方面都获得了发展。与此同时，他们还发展了良好的学习品质，如好奇心、坚持性、主动性、注意力和合作能力等，在数学、读写、社会研究、科学和艺术等领域习得了重要的概念、知识和技能。

游戏是一种多面的复杂现象。通过各种类型的游戏，幼儿可以在不同的领域获得最佳的学习和成长。有时，游戏是由幼儿发起并主导的，允许幼儿每天都有机会进行这种自由游戏并在游戏中做出几乎所有的决定，这有很多好处。例如，发展主动性、做出创造性的选择，从错误中、从环境给予的反馈中获得学习。自由游戏可以满足各种各样的学习目标。

在引导性游戏中，教师带着特定的目标，发起并温和地引导幼儿开展游戏。教师不指定或管控幼儿的游戏，幼儿保持对游戏发展进程和方向的控制，教师的计划和指导只是增加幼儿与重要概念和技能"相遇"的可能性。这种游戏化教学在保持幼儿积极性和参与度的同时，可以促进幼儿自然、高效的学习。

在目前的学术氛围中，出于教育问责的目的，人们经常不恰当地使用测评及其相关数据，这导致游戏在儿童早期学习与发展中的重要地位受到威胁。对游戏本质不准确、不完整的理解，以及有关儿童在学前和小学阶段如何学习与发展的错误信息，往往导致人们口中所称的"早期教育危机"的出现。为了保持并发挥游戏在学前教育中的作用，教师可以发展各种策略来促进游戏质量的提升，帮助幼儿通过游戏掌握重要的学习品质、技能和概念。

参 考 文 献

Administration for Children and Families. 2015. *Head Start Early Learning Outcomes Framework: Ages Birth to Five.* Washington, DC: U.S. Department of Health and Human Services, Administration for Children and Families, Office of Head Start.

Ailwood, Jo. 2003. "Governing Early Childhood Education through Play." *Contemporary Issues in Early Childhood* 4(3): 286–299.

Almon, Joanne, and Edward Miller. 2011. "The Crisis in Early Education: A Research-Based Case for More Play and Less Pressure." Alliance for Childhood.

Barnett, Steven, et al. 2008. "Educational Effects of the *Tools of the Mind* Curriculum: A Randomized Trial." *Early Childhood Research Quarterly* 23(3): 299–313.

Barton, Erin. 2016. "Critical Issues and Promising Practices for Teaching Play to Young Children with Disabilities." In *Handbook of Early Childhood Special Education.* New York: Springer.

Bell, Janice, Jeffrey Wilson, and Gilbert Liu. 2008. "Neighborhood Greenness and 2-Year Changes in Body Mass Index of Children and Youth." *American Journal of Preventive Medicine* 35(6): 547–553.

Blasi, Maryjane, and Sally Hurwitz. 2002. "For Parents Particularly: To Be Successful—Let Them Play!" *Childhood Education* 79(2): 101–102.

Bodrova, Elena, Carrie Germeroth, and Deborah Leong. 2013. "Play and Self-Regulation:Lessons from Vygotsky." *American Journal of Play* 6(1): 111–123.

Bodrova, Elena, and Deborah Leong. 2006. *Tools of the Mind: The Vygotskian Approach to Early Childhood Education.* 2nd ed. Boston: Pearson.

Broadhead, Pat, Justine Howard, and Elizabeth Wood. 2010. *Play and Learning in the Early Years: From Research to Practice.* Los Angeles: Sage.

Brown, Stuart, and Christopher Vaughan. 2009. *Play: How It Shapes the Brain, Opens the Imagination, and Invigorates the Soul.* New York: Avery.

Carlson, Frances M. 2011. *Big Body Play: Why Boisterous, Vigorous, and Very Physical Play Is Essential to Children's Development and Learning.* Washington, DC: NAEYC.

Chalufour, Ingrid, and Karen Worth. 2004. *Building Structures with Young Children.* Washington, DC: NAEYC.

Charlesworth, Rosalind, and Karen Lind. 2007. *Math and Science for Young Children.* 5th ed. Boston, MA: Cengage.

Christie, James F., and Francis Wardle. 1992. "How Much Time Is Needed for Play?" *Young Children* 47(3): 28–32.

Church, Ellen Booth. 2015. *Getting to the Heart of Learning: Social-Emotional Skills across the Early Childhood Curriculum.* Lewisville, NC: Gryphon House.

Committee for Children. 2014. *The Second Step Early Learning Program.* Seattle, WA: Committee for Children.

Coplan, Robert, and Kimberly Arbeau. 2009. "Peer Interactions and Play in Early Childhood." In *Handbook of Peer Interactions, Relationships, and Groups.* New York: Guilford.

Copple, Carol, and Sue Bredekamp. 2009. *Developmentally Appropriate Practice in Early Childhood Programs Serving Children from Birth through Age Eight.* Washington, DC: NAEYC.

Cropley, Arthur. 2001. *Creativity in Education and Learning.* Abingdon, Oxon, UK: Routledge.

Daly, Lisa, and Miriam Beloglovsky. 2015. *Loose Parts: Inspiring Play in Young Children.* St. Paul, MN: Redleaf.

Diamond, Karen E., and Soo-Young Hong. 2010. "Young Children's Decisions to Include Peers with Physical Disabilities in Play." *Journal of Early Intervention* 32(3): 163–177.

Dickinson, David, and Joy Moreton. 1991. "Predicting Specific Kindergarten Literacy Skills from Three-Year-Olds' Preschool Experiences." Paper presented at the meeting of the Society for Research in Childhood Development, Seattle, WA.

Eggum-Wilkens, Natalie, et al. 2014. "Playing with Others: Head Start Children's Peer Play and Relations with Kindergarten School Competence." *Early Childhood Research Quarterly* 29(3): 345–356.

Elkind, David. 2007. *The Power of Play: Learning What Comes Naturally*. Boston, MA: Da Capo Press.

Fisher, Kelly, et al. 2013. "Taking Shape: Supporting Preschoolers' Acquisition of Geometric Knowledge through Guided Play." *Child Development* 84(6): 1872–1878.

Fjortoft, Ingunn. 2001. "The Natural Environment as a Playground for Children: The Impact of Outdoor Play Activities in Pre-Primary School Children." *Early Childhood Education Journal* 29(2): 111–117.

Fromberg, Doris P., and Doris Bergen. 2015. *Play from Birth to Twelve: Contexts, Perceptions, and Meaning*. New York: Routledge.

Frost, Joe, Sue Wortham, and Stuart Reifel. 2012. *Play and Child Development*, 4th ed. Boston, MA: Pearson.

Ginsburg, Herbert, and Kyoung-Hye Seo. 2009. "Mathematics in Children's Thinking." *Mathematical Thinking and Learning* 1(2): 113–129.

Ginsburg, Kenneth. 2007. "The Importance of Play in Promoting Healthy Child Development and Maintaining Strong Parent-Child Bonds." *Pediatrics* 119(1): 182–191.

Goksun, Tilbe, et al. 2013. "Forces and Motion: How Young Children Understand Causal Events." *Child Development* 84(4): 1285–1295.

Gronlund, Gaye. 2010. *Developmentally Appropriate Play: Guiding Children to a Higher Level*. St. Paul, MN: Redleaf.

Heidemann, Sandra, and Deborah Hewitt. 2010. *Play: The Pathway from Theory to Practice*. St. Paul, MN: Redleaf.

Henkes, Kevin. 1985. *Bailey Goes Camping*. New York: Mulberry.

Hirsh-Pasek, Kathy, and Roberta Golinkoff. 2003. *Einstein Never Used Flash Cards: How Our Children Really Learn—And Why They Need to Play More and Memorize Less*. Emmaus, PA: Rodale.

Hirsh-Pasek, Kathy, et al. 2009. *A Mandate for Playful Learning in Preschool: Presenting the Evidence.* New York: Oxford University Press.

Hughett, Kristy, Frank Kohler, and Donna Raschke. 2013. "The Effects of a Buddy Skills Package on Preschool Children's Social Interactions and Play." *Topics in Early Childhood Special Education* 32(4): 246–254.

Huizinga, Johan. 1949. *Homo Ludens: A Study of the Play-Element in Cultures.* London, UK: Routledge and Kegan Paul.

IBM Institute for Business Value. 2016. *Redefining Competition: Insights from the Global C-suite Study—The CEO Perspective.* Somers, NY: IBM Global Business Services.

Institute of Medicine and National Research Council. 2012. *From Neurons to Neighborhoods:An Update.* Workshop Summary. Washington, DC: The National Academies Press.

International Reading Association and NAEYC. 1998. *Learning to Read and Write: Developmentally Appropriate Practices for Young Children.* Joint Position Statement of the International Reading Association and NAEYC. *Young Children* 53(4): 30–46.

Jones, Elizabeth, and Gretchen Reynolds. 2011. *The Play's the Thing: Teachers' Roles in Children's Play*, 2nd ed. New York: Teachers College Press.

Jung, Eunjoo, and Bora Jin. 2014. "Future Professionals' Perceptions of Play in Early Childhood Classrooms." *Journal of Research in Childhood Education* 28(3): 358–376.

Kamii, Constance, and Rheta DeVries. 1993. *Physical Knowledge in Preschool Education:Implications of Piaget's Theory.* New York: Teachers College Press.

Katz, Esther, and Luigi Girolametto. 2013. "Peer-Mediated Intervention for Preschoolers with ASD Implemented in Early Childhood Education Settings." *Topics in Early Childhood Special Education* 33(3): 133–143.

Kemple, Kristen M. 2004. *Let's Be Friends: Peer Competence and Social Inclusion in Early Childhood Programs.* New York: Teachers College Press.

Kemple, Kristen M., Jacqueline Batey, and Lynn Hartle. 2004. "Musical Play: Creating Centers for Musical Play and Exploration." *Young Children* 59(4): 30–37.

Koralek, Derry. 2004. *Spotlight on Young Children and Play*. Washington, DC: NAEYC.

Kostelnik, Marjorie, et al. 2014. *Developmentally Appropriate Curriculum: Best Practices in Early Childhood Education,* 6th ed. Boston, MA: Pearson.

Levine, Susan, et al. 2011. "Early Puzzle Play: A Predictor of Preschoolers' Spatial Transformation Skill." *Developmental Psychology* 48(2): 530–542.

Lifter, Karen, Emanuel Mason, and Erin Barton. 2011. "Children's Play: Where We Have Been and Where We Could Go." *Journal of Early Intervention* 33(4): 281–297.

Lifter, Karen, et al. 2011. "Overview of Play: Its Uses and Importance in Early Intervention/Early Childhood Special Education." *Infants and Young Children* 24(3): 225–245.

Lillard, Angeline, and Robert Kavanaugh. 2014. "The Contribution of Symbolic Skills to the Development of an Explicit Theory of Mind." *Child Development* 84(4): 1535–1551.

Lillard, Angeline, et al. 2013. "The Impact of Pretend Play on Children's Development: A Review of the Evidence." *Psychological Bulletin* 139(1): 1–34.

Lindsey, Eric, and Malinda Colwell. 2013. "Pretend and Physical Play: Links to Preschoolers' Affective Social Competence." *Merrill-Palmer Quarterly* 59(3): 330–360.

Logue, Mary Ellin, and Hattie Harvey. 2009. "Preschool Teachers' Views of Active Play." *Journal of Research in Childhood Education* 24(1): 32–49.

Lovasi, Gina, et al. 2008. "Children Living in Areas with More Street Trees Have Lower Prevalence of Asthma." *Journal of Epidemiology and Community Health* 62(7): 647–649.

Meacham, Sohyun, et al. 2014. "Preschool Teachers' Questioning in Sociodramatic Play." *Early Childhood Research Quarterly* 29(4): 562–573.

Meins, Elizabeth, et al. 2013. "Mind-Mindedness and Theory of Mind: Mediating Roles of Language and Perspectival Symbolic Play." *Child Development* 84(5): 1777–1790.

Mendoza, Jean, and Lilian Katz. 2008. "Introduction to the Special Section on

Dramatic Play." *Early Childhood Research and Practice* 10(2).

Misra, Madhusmita, et al. 2008. "Vitamin D Deficiency in Children and Its Management: Review of Current Knowledge and Recommendations." *Pediatrics* 122(2): 398–417.

Monighan-Nourot, Patricia, et al. 1987. *Looking at Children's Play: A Bridge between Theory and Practice*. New York: Teachers College Press.

NAEYC. 2009. *Developmentally Appropriate Practice: A Focus on Intentionality and Play*. DVD. Washington, DC: NAEYC.

NAEYC and NCTM. 2010. *Early Mathematics: Promoting Good Beginnings*. Joint position statement. Washington, DC: NAEYC.

National Council for the Social Studies. 2010. *National Curriculum Standards for Social Studies: A Framework for Teaching, Learning, and Assessment*. Washington, DC: National Council for the Social Studies.

NCTM. 2000. *Principles and Standards for School Mathematics*. Reston, VA: National Council of Teachers of Mathematics.

Nell, Marcia, and Walter Drew. 2013. *From Play to Practice: Connecting Teachers' Play to Children's Learning*. Washington, DC: NAEYC.

Nicolopoulou, Ageliki. 2010. "The Alarming Disappearance of Play from Early Childhood Education." *Human Development* 53(1): 1–4.

Parsons, Amy, and Nina Howe. 2013. "'This Is Spiderman's Mask.' 'No, It's Green Goblin's': Shared Meanings during Boys' Pretend Play with Superhero and Generic Toys." *Journal of Research in Childhood Education* 27(2): 190–207.

Piaget, Jean. 1962. *Play, Dreams, and Imitation in Childhood*. New York: W.W. Norton and Company.

Plucker, Jonathan, James Kaufman, and Ronald Beghetto. 2015. *What We Know about Creativity: Part of the 4C's Research Series*. Washington, DC: Partnership for 21st Century Learning.

Ramani, Geetha. 2012. "Influence of a Playful, Child-Directed Context on Preschool Children's Peer Cooperation." *Merrill-Palmer Quarterly* 58(2): 159–190.

Ramani, Geetha, et al. 2014. "Preschool Children's Joint Block Building during a

Guided Play Activity." *Journal of Applied Developmental Psychology* 35(4): 326–336.

Ranz-Smith, Deborah. 2007. "Teacher Perceptions of Play: In Leaving No Child Behind Are Teachers Leaving Childhood Behind?" *Early Education and Development* 18(2): 271–303.

Ranz-Smith, Deborah. 2012. "Explicating the Place of Play: Resolving Dilemmas of Research-to-Practice." *Journal of Early Childhood Teacher Education* 33(1): 85–101.

Raver, Cybele. 2002. "Emotions Matter: Making the Case for the Role of Young Children's Emotional Development for Early School Readiness." *Social Policy Report of the Society for Research in Child Development* 16(3): 1–20.

Reifel, Stuart, and Mac Brown. 2004. *Social Contexts of Early Education and Reconceptualizing Play (II)*. Advances in Early Education and Day Care, volume 13. Bingley, UK: Emerald Group.

Rivkin, Mary S. 1995. *The Great Outdoors: Restoring Children's Right to Play Outside*. Washington, DC: NAEYC.

Rogers, Sue, ed. 2011. *Rethinking Play and Pedagogy in Early Childhood Education: Concepts, Contexts, and Cultures*. New York: Routledge.

Rose, Kathryn, et al. 2008. "Outdoor Activity Reduces the Prevalence of Myopia in Children." *Ophthalmology* 115(8): 1279–1285.

Rushton, Stephen. 2011. "Neuroscience, Early Childhood Education, and Play: We Are Doing It Right!" *Early Childhood Education Journal* 39(2): 89–94.

Rushton, Stephen, Anne Juola-Rushton, and Elizabeth Larkin. 2010. "Neuroscience, Play and Early Childhood Education: Connections, Implications, and Assessment." *Early Childhood Education Journal* 37(5): 351–361.

Russ, Sandra. 2014. *Pretend Play in Childhood: Foundation of Adult Creativity*. Washington, DC: American Psychological Association.

Sabol, Terri, and Robert Pianta. 2012. "Patterns of School Readiness Forecast Achievement and Socioemotional Development at the End of Elementary School." *Child Development* 83(1): 282–299.

Sandberg, Anette, and Ingrid Pramling Samuelsson. 2003. "Preschool Teachers' Play

Experiences Then and Now." *Early Childhood Research and Practice* 5(1).

Saracho, Olivia, ed. 2012. *Contemporary Perspectives on Research in Creativity in Early Childhood Education*. Charlotte, NC: Information Age Publishing.

Shaw, D. G. 2005. "Brain Fitness for Learning." *New Teacher Advocate* 13(2): 6–7.

Sherwood, Sara, and Stuart Reifel. 2013. "Valuable and Unessential: The Paradox of Preservice Teachers' Beliefs about the Role of Play in Learning." *Journal of Research in Childhood Education* 27(3): 267–282.

Shonkoff, Jack P., and Deborah A. Phillips, eds. 2000. *From Neurons to Neighborhoods: The Science of Early Child Development*. Washington, DC: National Academies Press.

Singer, Dorothy, Roberta Golinkoff, and Kathy Hirsh-Pasek. 2006. *Play=Learning: How Play Motivates and Enhances Children's Cognitive and Social-Emotional Growth*. New York: Oxford University Press.

Sutherland, Shelbie, and Ori Friedman. 2012. "Preschoolers Acquire General Knowledge by Sharing in Pretense." *Child Development* 83(3): 1064–1071.

Sutherland, Shelbie, and Ori Friedman. 2013. "Just Pretending Can Be Really Learning: Children Use Pretend Play as a Source for Acquiring General Knowledge." *Developmental Psychology* 49(9): 1660–1668.

Tannock, Michelle. 2008. "Rough and Tumble Play: An Investigation of the Perceptions of Educators and Young Children." *Early Childhood Education Journal* 35(4): 357–361.

Taylor, Andrea, Frances Kuo, and William Sullivan. 2001. "Coping with ADD: The Surprising Connection to Green Play Settings." *Environment and Behavior* 33(1): 54–77.

Taylor, Andrea, and Frances Kuo. 2009. "Children with Attention Deficits Concentrate Better after a Walk in the Park." *Journal of Attention Disorders* 12(5): 402–409.

Trawick-Smith, Jeffrey, and Traci Dziurgot. 2011. "'Good-Fit' Teacher-Child Play Interactions and the Subsequent Autonomous Play of Preschool Children." *Early Childhood Research Quarterly* 26(1): 110–123.

Trawick-Smith, Jeffrey, Heather Russell, and Sudha Swaminathan. 2011. "Measuring the Effects of Toys on the Problem-Solving, Creative, and Social Behaviors of Preschool Children." *Early Child Development and Care* 181(7): 909–927.

Van Hoorn, Judith, et al. 2014. *Play at the Center of the Curriculum,* 6th ed. Boston, MA: Pearson.

Vygotsky, Lev. 1978. *Mind in Society: The Development of Higher Psychological Processes.* Cambridge, MA: Harvard University Press.

Webster-Stratton, Carolyn. 2011. *The Incredible Years: Parents, Teachers, and Children's Training Series.* Seattle, WA: The Incredible Years.

Weisberg, Deena, et al. 2015. "Making Play Work for Education: Research Demonstrates that Guided Play Can Help Preschool Children Prepare for Reading and Math Better than Free Play and Direct Instruction Alone." *Phi Delta Kappan* 96(8): 8–13.

Willis, Clarissa. 2015. *Teaching Young Children with Autism Spectrum Disorder.* Lewisville, NC: Gryphon House.

Youngquist, Joan, and Jann Pataray-Ching. 2004. "Revisiting 'Play': Analyzing and Articulating Acts of Inquiry." *Early Childhood Education Journal* 31(3): 171–178.

Zigler, Edward, Dorothy Singer, and Sandra Bishop-Josef, eds. 2004. *Children's Play: The Roots of Reading.* Washington, DC: Zero to Three.

Zins, Joseph, et al. 2004. "The Scientific Base Linking Social and Emotional Learning to School Success." In *Building Academic Success on Social and Emotional Learning: What Does the Research Say?* New York: Teachers College Press.